これからの
地方創生・関係人口

関係人口から持続可能な地域の創り手へ

岩本　泰　編著

人言洞

はじめに

　「都市の一極集中」「地方の過疎化」が言われて久しい。これらは，ずいぶん前から問題視されていたものの，どれだけの人が「自分事」として課題を共有していただろうか。さらに，これまでの問題が放置されてきた結果として，大・人口減少期に直面し，現実には，一部で「都市の局地集中」「地方の荒廃化」が顕在化するようになってきた。これは，都市部／都市部近郊にあってもモザイク的に，かつての「ニュータウン」といわれる団地，交通アクセスが他より不便な（バス移動を強いられる／バス本数が少ない）中山間地域で過疎化が進む一方，ブランド化された特定地域にタワーマンションなどが立ち並ぶ新しい開発都市に人が集中する，といういびつな都市構造を生み出している。すなわち，無秩序／無計画な都市計画の結果であり，都市であっても過疎化している地域が存在し，高齢化が進行してまちの新陳代謝が失われつつある地域がある。いっぽうで，子育て政策の充実や新しい産業振興，移住・定住政策により，地方で活力が生み出される地域も出てきている。

　一極集中／過疎化は，表裏一体であり，都市と地方という関係でまちづくりを考えるのはナンセンスである。また，まちづくりを支えるのは，結局のところ，「人」である。本書では，とくに人と人とのつながりに着目し，地方創生における関係人口の意義や関係案内人の役割に焦点化，その具体的取り組みを考え，シティプロモーション実践や地域においてシビックプライドをどのように獲得しているのか，持続可能な観光や交流人口・関係人口の創出とまちづくりの関係性について，理論と具体的な取り組みについて考える示唆を示す。とりわけ，「誰一人取り残さない」地域に向けて，市民が幸せを感じることができる地域とは？　人が集まるまち，魅力ある地域はどんな取り組みをしているのか？　地場産業の持続可能性と環境・経済・社会のつながりはどうあるべきか？，という問いに挑む。また，読者にとって本書での知見を応用・活用し，実際の持続可能な地域づくりについての企画構想・発送力獲得となることをめ

ざす。

　さらに今後に向けて，持続可能な観光と伝統産業，環境保全，人権（デューデリジェンス）・雇用創出の持続可能性，倫理（ethics）に配慮した地場産品の創出へのアイデアを考える。なお，これらは今後，新しい横断的学術分野の開拓を目指すとともに，地域づくりに意欲あるすべての人に読んで議論していただけるような学術・一般書である，という特徴をもつ。さらに，地域政策立案者であれば，政策立案時に押さえておくべきポイントがわかるガイドブックとしても有効であるうえに，地方創生に多様な論点も提示することを意図している。「誰一人取り残さない」地方創生は，地域で人がつながる，輪が広がり，誰にとっても幸せを享受することができる，という問題提起を社会に訴えたい。

　すくなくとも，人と人の「持続可能なつながり」には，どのようなことでつながるのか，つながり続けたいと感じる地域での幸せとはどうあるべきか，創生の本質があると考える。うちの地域はいいところですよ，といいことばかりPR して，実際に移住したら，移住者と地域住民の人との軋轢，排他性，新規性や創造性をぶち壊す，そのようなコミュニティに幻滅し，地域の評判を落とし，いつまでたっても過疎化から抜け出せない，そんな事例もすでに報告されている。すなわち，地方創生における楽しい・幸せなまちづくりがめざすべきビジョンである。本書では，さまざまな方面でのユニークな研究者・実践者からの考え方を紹介している。本書を通して，どこで，だれと，何でつながり，どのような楽しさ，幸せをつかむか，自分の生き方を考える一助になれればうれしい限りである。そうした人が集まるコミュニティが，結果として地方創生につながるのである。

編者：岩本　泰

謝辞

　本書は，日本学術振興会（JSPS）　科学研究費助成事業 基盤研究（C）
（20K12412）の研究成果を公表するものです。本研究では，地域事例研究とし
て，本書で含めることができなかった秋田県鹿角市，神奈川県逗子市，北海道札
幌市の地域行政担当者等へのインタビュー調査も実施しました。関係各位に，こ
の場にてお礼申し上げます。
　また，研究実施に当たり，東海大学湘南キャンパス旧リベラルエデュケーショ
ンカレッジオフィス所属で，現在のウェルビーイングカレッジオフィス研究支援
担当の石橋美枝さんには，煩雑な事務手続きについて，多くのサポートをいただ
きました。また，本書刊行に際しては，人言洞の二村和樹さんには，格別なるご
配慮を賜りました。この場を借りて，厚くお礼を申し上げます。

目　次

1　地方創生が求められる背景

　地域の持続不可能性を象徴する概念として，「消滅可能性都市」がある。「消滅可能性都市」は公益財団法人 日本生産性本部において設置された「日本創生会議」（座長：増田寛也）で創出された概念で，人口の再生産力としてとくに「20～39歳の若年女性人口」に注目し，以下のように説明している[1]。

> 　2010年から2040年にかけて，20～39歳の若年女性人口が5割以下に減少することが予想される市区町村を「消滅可能性」（持続可能性が難しい）のある都市と定義する。

　たとえばある自治体で，生まれてから20～39歳になるまでに，男女ともに3割程度の人口流出があるとする。出生率1.4が続くとすると，おおむね30～40年後に若年女性は現在の5割に減少する。減少を回避し人口を維持するためには，直ちに2.8～2.9の出生率が必要だが，実現はむずかしい。

　一般に，人口問題を考えるときには，自然増減と社会増減の両者に着目する（岩本 2019）。ある地域のなかで，生まれた人数と亡くなった人数の差が自然増減である。いっぽうで，地域外への引っ越し（転出）とその地域への引っ越し（転入）による増減が社会増減である。「消滅可能性都市」は，3割程度の社会減があると仮定し，現状の地域人口データを切り取った将来予測ではあるが，マスコミを中心にかなりセンセーショナルに取り上げられたこともあって，各地域での危機感が高まった。

　しかしながら，日本の人口問題は，その後も深刻な社会問題の1つとなり続けている。社会の担い手は，人である。その担い手である人が，日本全体としても過疎化した地域でも，非常に早いスピードで進みつつある。これは，持続不可能な未来の本質的な一因でもあり，解決が求められる喫緊の課題でもあり，もはやその猶予の時間はない。図0.1では，総務省が2023年10月に公表し

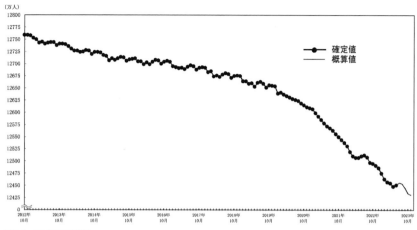

図0.1 総人口の推移
出所：総務省「人口推計」(2023)

た日本の総人口の推移である[2]。直近のデータでは，前年同月と比較して，
60万人減少して1億2438万人とされている。注目すべきは，この数値に加えて
推移の変化の状況である。この数十年，こうした人口問題に対して国内政策が
有効な手段を打ち出せなかった結果ともいえる。

　さらには，その内訳にも注目したい。2023年5月1日現在（確定値）によれ
ば，15歳未満人口は1431万1000人で，前年同月に比べ減少（31万2000人減），15
〜64歳人口は7495万3000人で，前年同月に比べ減少（24万7000人減），65歳以上
人口は3621万2000人で，前年同月に比べ増加（3万7000人減）となっている。
まさに，少子高齢化と人口減少の実態を表している。

　また，都道府県別にみた結果にも注目したい[3]。図0.2に示したように，47
都道府県において，人口増加は東京都のみとなっている（人口増加率は
0.20％）。すなわち，46道府県は人口減少となり，沖縄県は1972年に日本に復
帰して以降，初めての人口減少となった。さらに，人口減少率が前年に比べ拡
大したのは23道県で，うち岩手県，福井県及び和歌山県（対前年差0.16ポイン
ト）が最も拡大している。いっぽうで，人口減少率が縮小したのは京都府（対
前年差0.20ポイント）など19府県となっていた。

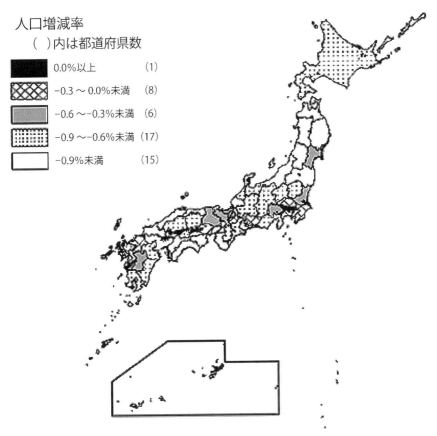

人口増減率
（　）内は都道府県数

- ■ 0.0%以上　　　　　　（1）
- ▨ −0.3〜0.0%未満　　（8）
- ▦ −0.6〜−0.3%未満　（6）
- ▥ −0.9〜−0.6%未満 （17）
- □ −0.9%未満　　　　 （15）

図0.2　都道府県別人口増減率
出所：総務省「人口推計」（2022）

　さらに，年齢別の状況を確認すると，15歳未満人口の年少人口割合が最も高いのは，沖縄県（16.3％）となっている。15〜64歳人口の生産年齢人口割合が最も高いのは，東京都（66.3％）となっていて，65歳以上人口および75歳以上人口の高齢者人口割合が最も高いのは，いずれも秋田県（38.6％，20.6％）となっていた。なお，15歳未満人口の割合が75歳以上人口の割合を上回っているのは沖縄県のみとなっており，地域の年齢構成が若い地域であることがわかる。

　いずれにせよ，図0.2に示されるように，人口増減率が−0.9％未満の15県

（鳥取，福井，島根，山口，長崎，愛媛，新潟，和歌山，徳島，福島，高知，山形，岩手，青森，山形）は，都道府県レベルで消滅可能性の高いエリアということがデータから読み解ける。

　しかしながら，都道府県という地域エリアが統計上広すぎるため，実態を映し出していない状況もあることに注意しなければならない。たとえば，東京の隣県である神奈川県に焦点を当てる。「2020年国勢調査　神奈川県人口等基本集計結果（人口，世帯等の確定値）の概要」において，県内の市区町村別の65歳以上の割合を地図上に示したのが図0.3である[4)]。神奈川県内において，65歳以上人口の割合が25％（4人に1人）以上の市区町村は41市区町村となっていた。とくに，65歳以上人口の割合が最も高い市区町村は真鶴町の43.5％で，次いで湯河原町（43.0％），以下，三浦市（41.0％），山北町（39.8％），箱根町（38.4％）の順なっている。いっぽうで，65歳以上人口の割合が最も低い市区町村は川崎市中原区の15.3％で，次いで横浜市都筑区（18.4％），以下，川崎市高津区（19.0％），横浜市西区（19.4％），横浜市港北区（19.9％）の順となっていた。

　図0.3の「総務省　都道府県別人口増減率」によれば，神奈川県は，東京都・

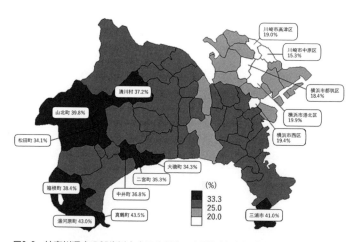

図0.3　神奈川県内の65歳以上人口の割合—市区町村（2020年）
出所：神奈川県ウェブサイト「令和2年国勢調査　神奈川県人口等基本集計結果」（2020）

沖縄県に次いで2022年度−0.04％の減少率であり，全国的にみると消滅可能性都市の観点から着目度の低い地域のようにみえる。しかしながら，県内の地域人口実態は「東高西低」，県西地域や三浦地域は実際には消滅可能性に直面している感がある。まさに図0.3は，地方創生の最前線は，市町村行政問題であり，ミクロな地域レベル問題，住民・コミュニティ問題であることを忘れてはならない。

2 関係人口とは

　人口減少・高齢化は，地域づくりの担い手不足という地域の持続不可能性の課題に直面している。いっぽうで，地域によっては若者を中心に，変化を生み出す人材が地域に入りはじめている。たとえば，総務省は地域力の創造・地方の再生に「地域おこし協力隊」制度の活用を推奨している[5]。地域おこし協力隊は，都市地域から過疎地域等の条件不利地域に住民票を異動し，地域ブランドや地場産品の開発・販売・PRなどの地域おこし支援や，農林水産業への従事，住民支援などの「地域協力活動」を行いながら，その地域への定住・定着を図る取り組みである。隊員は各自治体の委嘱を受け，任期はおおむね1〜3年である。

　その具体的な活動内容や条件，待遇などは各自治体によりさまざまであるが，総務省では，地域おこし協力隊員の活動に要する経費に対して隊員1人当たり480万円を上限として財政措置を行っている。また，任期中は，サポートデスクやOB・OGネットワークなどによる日々の相談，隊員向けの各種研修などさまざまなサポートを受けることができる。さらに，任期終了後には，起業・事業継承に向けた支援もある。

　2022年度には，6447名の隊員が全国で活動しているが，地方への新たな人の流れを創出するため，総務省ではこの隊員数を2026年度までに1万人とする目標を掲げており，目標の達成に向けて地域おこし協力隊の取り組みをさらに推進することとしている。

こうした官製移住・定住事業は，一定の効果が期待できるものの，補助金頼みの側面が強く，地域行政において手厚い隊員への待遇やサービスを提供することに余力あるところとないところで，制度活用に違いが生じている可能性がある。また，多くの自治体で希望者の奪い合いになるなど，複数の隊員を定期的に呼び込むのはむずかしい。そこで，新たな概念として「関係人口」という概念を創出し，地域との新しいかかわりが生じることを期待している。

　「関係人口」とは，移住した「定住人口」でもなく，観光に来た「交流人口」でもない，地域と多様にかかわる人々をさす言葉で，図0.4のような図とともに定義づけられている6)。上述したように地方圏では，人口減少・高齢化が進んでいることにより，地域づくりの担い手不足という課題に直面している。いっぽうで，地域によっては地域とのかかわりの場や地域のもつ潜在的な魅力に気づいた若者を中心に，地域で変化を生み出す人材が入りはじめていて，「関係人口」と呼ばれる地域外の人材が地域づくりの担い手となることが期待されつつある。

　総務省では，地方創生に向けた取り組みとして，地域外の者が「関係人口」となる機会・きっかけの提供に取り組む地方公共団体を支援するモデル事業を「関係人口創出・拡大事業」として2018〜2020年度に実施された。モデル区分は，各年度によって変化しているが，たとえば2019年度では，以下のような5

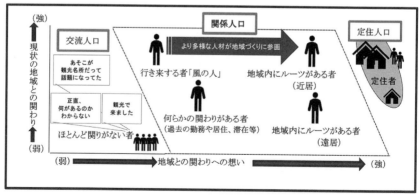

図0.4　「関係人口」とは？
出所：総務省「関係人口ポータルサイト」

区分が設定され，全44地方公共団体が採択された。

・関係深化型（ゆかり型）
　その地域にルーツがある者などを対象に関係人口を募る仕組みを設け，地域と継続的なつながりをもつ機会を提供する取り組みを実施
・関係深化型（ふるさと納税型）
　ふるさと納税の寄附者を対象に地域と継続的なつながりをもつ機会を提供する取り組みを実施
・関係創出型
　これから地域とのかかわりをもとうとする者を対象に地域と継続的なつながりをもつ機会・きっかけを提供し，地域の課題やニーズと，関係人口となる者の想いやスキル・知見等をマッチングするための中間支援機能を形成する取り組みを実施
・裾野拡大型
　都市部などに所在するNPO・大学のゼミなどと連携し，都市住民らの地域への関心を高めるための取り組みを実施
・裾野拡大（外国人）型
　地域住民や地域団体などと連携し，外国人との交流を促進し地域（地域住民や地場産業）との継続的なつながりを創出するために行う取り組みを実施

　関係人口自体，比較的新しい概念であるが，さらにオンラインツールの活用可能性も広がり，コロナ禍により急速に広まった。国土交通省では，「関係人口の実態把握」についていくつかの発信をしている。2021年3月に出した資料[7]においては，関係人口を訪問系および非訪問系に大別するとともに，関係人口（訪問系）のかかわり先の地域における過ごし方（地域とのかかわり方）などをふまえ，以下の大分類を定義している。

■関係人口（訪問系）
　日常生活圏，通勤圏，業務上の支社・営業所訪問等以外に定期的・継続的にかかわりがある地域があり，かつ，訪問している人（単なる帰省などの地縁・血縁的な訪問者を除く）
〈大分類〉地域における過ごし方に応じて分類（地域との結びつき度が強いものから説明）
【直接寄与型】産業の創出，商店街の空き店舗有効活用の活動，朝市・マルシェへの出店活動，ボランティア，地域資源・まちなみの保全活動，まちおこし・むらおこしにつながるようなプロジェクトの企画・運営，又は協力・支援等
【就労型（現地就労）】地元の企業・事業所での労働（地域における副業），農林

漁業への就業，農林漁業者へのサポート（援農等）
【就労型（テレワーク）】本業として普段行っている業務や仕事（テレワークなど），訪問地域外の業務や仕事（テレワーク／副業など）
【参加・交流型】地域の人との交流やイベント，体験プログラム等に参加
【趣味・消費型】地縁・血縁先以外で，地域での飲食や趣味活動等を実施（他の活動をしていない）
■関係人口（非訪問系）
　ふるさと納税，クラウドファンディング，地場産品等購入，特定の地域の仕事の請け負い，情報発信，オンライン活用

（参考）地縁・血縁的な訪問者：地縁・血縁先を訪問している人（帰省を含む，地縁・血縁先の訪問を主な目的として地域を訪れている人），及び特定の生活行動や用務を行っている人

3　「関係人口」の潜在的な割合

　上述したように「関係人口」，概念創出した当初から，地域とのかかわりの多様化や社会的動向もふまえてその外延を拡張しつづけていることがうかがえる。いっぽうで，人口集中する都市圏から「関係人口」化する潜在的な割合がどのくらいあるのか，実態をつかむのはむずかしい。そこで，ここでは「関係人口」について国土交通省が大規模なアンケートを実施し，その懇談会の座長

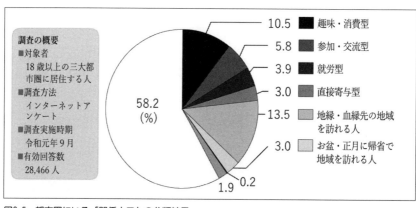

図0.5　都市圏にいる「関係人口」の分類結果

を務めた小田切徳美の現状分析結果を取り上げる[8]。

　この調査では，2019年に国土交通省が三大都市圏（東京都周辺，中部圏，近畿圏）の地域の18歳以上の居住者約3万人にインターネットでのアンケート調査を実施した（図0.5）。また，「関係人口」分類としては，以下のような説明がなされている。

■趣味・消費型
　地縁や血縁関係のない地域で，地場産品の購入や飲食をしたり，または趣味や地域環境を楽しむ活動を行っていたりする人たち。「関係人口」全体で見ると，この分類型に当てはまる人たちがもっとも多く，約半数を占めている。

■参加・交流型
　地域の人たちとの交流やお祭りなどのイベント，ワークショップや地域体験プログラムなどに参加する人たち。観光ではなく，それよりも一歩地域に踏み込んだ交流をしている人たちが多く，全体では2番目に多い。

■就労型
　主に本業のテレワークや副業・兼業にしている仕事をするために地域に出向いている人たちが大多数を占める。近年のコワーキングスペースやシェアオフィスの増加に比例して，この分類型の人口も増加傾向にある。

■直接寄与型
　「関係人口」全体の中ではもっとも少ない割合だが，「真の関係人口」として取り扱われることもある。地域での産業の創出やまちづくりプロジェクトの企画・運営など，ゲストというよりもホストとして地域に参加している人が多い。

　小田切は，この4分類の約23％を関係人口として着目している。三大都市圏の人口をおおよそ約4700万人としてその割合を算出すると，約1080万人と推計している。ここから，統計上の誤差を考慮しても，「大都市周辺には約1000万人前後の膨大な関係人口がいる」と解説している。さらに，詳細なデータによれば，「この数値のなかには，都市内部を行き来している，いわゆる『地域内関係人口』が多く存在していることが明らかになった」と補足している。たとえば，関係人口と判断されている人たちのなかでは，「さらに東京都在住の人で，地域の約30％の人たちは，都内の別の地域とのかかわりがある」としている。

　小田切はとくに上述の4分類に注目しているが，そもそもの「関係人口」の概念やモデル事業における区分によれば，地縁・血縁先の地域を訪れる人

（13.5％），お盆・正月に帰省する人（3.0％），ふるさと納税等（1.9％）も「関係人口」である。すなわち，4分類の約23％と合わせて41.4％いるとすると，おおよそ1946万人となり，そのほかの結果や統計上の誤差も考慮すると，約2000万人いると考えることもできる。これに長期滞在をする外国人も含めると，その可能性はさらに大きくなる。

　そのほか，「どのような職業か／誰と関係先に行っているか／どれくらいの頻度・距離・時間滞在をするか」など多様な調査をして，「地域との関係性を深めていくために必要な要素」における結果が以下の5点であることを明らかにしている。

・時間的な余裕の確保（37.2％）
・地域とつながれる場所の確保（35.6％）
・金銭的な負担の軽減（30.8％）
・価値観の合う仲間（28.2％）
・自分の能力や経験を活かせる機会（27.2％）

（※ 上位のみ抜粋，複数回答可による結果）

　この項目は，「関係人口」創出に向けた今後の課題といえるが，ここで「地域とつながれる場所の確保」と答えた人が2番目に大きな割合を占めていることに注目している。これは，「いわゆる『関係案内所』の不足を表していて，地域側がカフェやシェアハウス，コワーキングスペースなどといった場所づくりに意識的に取り組んでいく必要がある」と説明している。そのため，「地域と『関係人口』の声をマッチングしてお互いが徐々にステップアップし，『関係案内所』としての場所と運営する人材の確保ができるように整えていくことが大きな課題である」と強調している。

4 「関係人口」の持続可能性

　これまで，比較的新しい概念である「関係人口」の考え方について，整理してきた。上述した整理から読み解けることは，「何のために」「どんなきっかけで」「何を楽しみに」地域とつながるのか，生き方や幸せ観と深く関連づいて

いるということにある。これらは，たとえば広井（2019）が論じるように，これまでの人口を含めて拡大・成長の時代においては，「経済」という一義的な価値観がおかれる傾向が強くなるが，成熟・定常化あるは人口減少の時代においては，持続可能性に関する「環境」の視点，富の分配の公正に関する「福祉」の視点を総合的にみていく必要があると主張している。地域環境の価値に気づき，共感した人と地域が関係し，関係人口から外の人を温かく受け入れ，地域のなかで共生する地域づくりをめざすことに本質的な意義があるように思う。

　今後の持続可能な関係性構築と「関係案内人」としての機能や地域的役割を果たすために，最後に田中（2017）が考える〈関係人口10連発〉を引用しておきたい。

① お試しプチ移住	⑥ 東京にいながら地方の企業とお仕事
② 二地域居住	⑦ 地方企業の東京支社で働く
③ 同じ地方に何度も通う	⑧ 東京にいながら食で地方とつなぐ
④ 地方でイベントを開催	⑨ 東京で地方を考えるイベントを開く
⑤ 地方での連続講座を遠隔で受講	⑩ 旅と移住の間を考える研究会をつくる

　近年のポストコロナの新しい生活様式に対応して，人々の働き方や住まいの場所に対する制約も新たな発想で考える状況が広がっている。とりわけ，1つの住居に縛られない二地域居住は，その象徴ともいえる。さらに，ITの普及により，ネットさえつながれば，新しい日常を得ることもたやすくなりつつある。さらに，5Gの普及，自動運転や無人配送などのサービスが広がれば，いわゆる地方暮らしの困難さを映し出す「買い物難民」のリスクもすくなくなることが期待される。すでに定着しつつある「ふるさと納税制度」は，地域の魅力を発信し，理解するきっかけとなるケースも見受けられる。少子化が進む日本で，首都圏の人口を奪い合うような地方創生のあり方を批判する人もいるが，すくなくとも「関係人口」創出は，地域のなかの人にとっては地域の持続可能性を考えるきっかけを創出し，地域外の人にとっては，関係することで持続可能性の本質を学び・暮らし・人生・豊かさのあり様を変革するきっかけに

なるのではないだろうか。さらに，海外の人との共生を視野に入れると，「関係人口」創出の意義がますます広がるだろう。

注
1）以下，国土交通省ウェブサイト「国土交通政策研究所「政策課題勉強会」」（増田寛也）資料より。 https://www.mlit.go.jp/pri/kouenkai/syousai/pdf/b-141105_2.pdf
2）以下，総務省統計局人口推計を参照。人口推計（令和5年（2023年）5月確定値，令和5年（2023年）10月概算値）（2023年10月20日公表） https://www.stat.go.jp/data/jinsui/new.htm
3）以下，総務省統計局人口推計を参照。人口推計（2022年（令和4年）10月1日現在） 全国：年齢（各歳），男女別人口・都道府県：年齢（5歳階級），男女別人口 https://www.stat.go.jp/data/jinsui/2022np/index.html
4）以下，神奈川県ウェブサイトを参照。令和2年国勢調査 神奈川県人口等基本集計結果（人口，世帯等の確定値）の概要 https://www.pref.kanagawa.jp/docs/x6z/prs/r7235926.html
5）以下，総務省ウェブサイトを参照。地域おこし協力隊 https://www.soumu.go.jp/main_sosiki/jichi_gyousei/c-gyousei/02gyosei08_03000066.html
6）以下，総務省ウェブサイトを参照。関係人口ポータルサイト https://www.soumu.go.jp/kankeijinkou/about/index.html
7）以下，国土交通省国土政策局総合計画課の資料を参照。関係人口の実態把握 https://www.mlit.go.jp/kokudoseisaku/content/001391466.pdf
8）本章では，以下の書籍を参照している。『ソトコト』（第22巻第4号（通巻250号）2020年3月5日発行）sotokoto online，56-57頁

引用・参考文献
岩本泰（2019）「二つの人口問題：過疎と過密，環境学習のラーニング・デザイン―アクティブ・ラーニングで学ぶ持続可能な社会づくり」日本環境教育学会編『キーステージ21』59-65頁
広井良典（2019）『人口減少社会のデザイン』東洋経済，283頁
田中輝美（2017）『関係人口をつくる―定住でも交流でもないローカルイノベーション』木楽舎，224頁

第1章
誰一人取り残さない持続可能な地域を拓く「対話」

　現代社会において，「地域づくり」や「地方創生」と「持続可能性」は切り離せない概念として広く共有されている。たとえば，内閣官房・内閣府によるウェブサイト「地方創生」で紹介される事例をみても，「持続可能な地域社会づくり」「持続可能な社会経済モデル」「持続可能な共生社会」「持続可能な中山間地域」「持続可能な観光」「持続可能な産業発展」「持続可能な商店街活性化」「持続可能なグリーンインフラ」「持続可能な森林資源」「持続可能な公共交通」など，「持続可能性」があらゆる地域づくりの取り組みの冠として登場する。とくに昨今はSDGsの急速な広がりもあり，政府，事業者，市民・住民組織など，地域づくりにかかわるあらゆる主体が「持続可能な地域づくり」の推進に余念がない。

　しかし他方で，「持続可能性」は，いかようにも解釈でき多様な意味づけができるという意味で「空っぽの記号」ともいわれてきた概念である。多様な立場にある組織や人，多様な状況にある地域が思い描く「持続可能な地域」はやはり多様であり，そこにはじつは大中さまざまな「対立」が生じている。本章では，こうした「対立」を乗り越える「対話」を実現し，誰一人取り残さない地域を拓く道筋を考えていきたい。

1　地域づくりと「持続可能性」―「コミュニティ」を結ぶ普遍的価値原理として

　「持続可能性」という概念は，1987年，国連「環境と開発に関する世界委員会」による報告書『われら共有の未来（Our Common Future）』で，「将来の世代のニーズを満たしつつ，現在の世代のニーズをも満足させるような開発」と定義され，その重要性が提唱されたことを機に，世界的に注目されるようになった。その後，1992年にブラジル・リオデジャネイロで開催された「国連環境開発会議」（通称「地球サミット」「リオ・サミット」），2002年に南アフリカ・

ヨハネスブルグで開催された「持続可能な開発に関する世界首脳会議」（通称「ヨハネスブルグ・サミット」）などを通じてその思想や具体的施策が議論され，2015年の国連総会で「国連持続可能な開発目標（SDGs：Sustainable Development Goals）」が採択された。こうした国際的潮流のなかで，日本国内でも「持続可能性」が地域づくりの取り組みと結びつき，昨今のSDGsの爆発的な広がりとともに，地域づくり・地方創生の「枕詞」のようになっている。

　こうして「持続可能性」概念が地域づくりと結びついてきた背景を，広井良典の「コミュニティ」論にみてみよう。広井は，「コミュニティ」を「人間が，それに対して何らかの帰属意識をもち，かつその構成メンバーの間に一定の連帯ないし相互扶助（支え合い）の意識が働いているような集団」と定義したうえで，日本におけるその変化について以下のとおり説明した（図1.1）。

　まず，農村社会のなかでは一致していた生産と生活のコミュニティが，都市化・産業化の急進によって分離し，とくに生産のコミュニティとしての「会社」が圧倒的な存在となった。「国を挙げての経済成長」という共通目標が「会社」と「（核）家族」を「ニッポンというコミュニティ」として束ねた時代である。このとき，コミュニティは地域や自然から"離陸"した。その後，「国を挙げての経済成長」という目標が求心力を失ったポスト産業化の社会において，コミュニティは再び"着陸"の時代を迎えている。国際的にみて人々

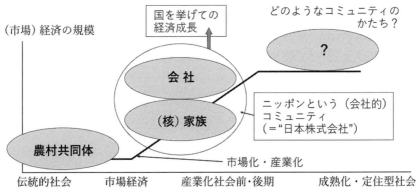

図1.1　経済システムの進化とコミュニティ─地域からの"離陸"と"着陸"
出所：広井 2009

の「社会的孤立」度が高いとされる日本でいま求められるのは，従来の「同質性」を前提とした「農村型コミュニティ」よりも，個人と個人が何らかの価値規範によってつながる「都市型コミュニティ」であり，そのためには「普遍的な価値原理の生成」が必要となる。たとえば，紀元前5世紀ごろ発生したギリシャの哲学的思想，インドの仏教思想，中国の諸子百家の思想，イスラエルの旧約の思想は，それぞれ"「人間」なるもの"という普遍的観念を生じさせ，異なるコミュニティをつなぐ価値原理としての役割を果たした。今後共有され得る価値原理は，「有限性」「多様性」を要素とする思想であり，それは「個人をベースとする公共意識」と，「地球というコミュニティとしての共同体的な一体意識」から生成されるのではないか，と広井はいう（広井 2009）。

　さて，まさにここに，「持続可能性」という思想が「普遍的価値原理」としての役割を担う可能性が浮かび上がる。2016年以降，学校教育や企業活動，インターネットやマスメディアなどを通じ，日本社会における SDGs への認知が急速に広がった。SDGs は，持続可能性の概念を先進国・途上国の区別なく当事者となり得るという意味で普遍的な17の目標に整理したもので，その普及にはカラフルなピクトグラムが使用されている。この普遍性，包括性が，地域・セクターを越えた SDGs の急速な普及を促している。1980年代から一部の専門家や関心の高い人々の間で議論されてきた「持続可能な開発」が，2030年までに達成すべき目標としての具体像を得て，多くの人々の間で共有され取り組みが広がる現状は，持続可能性が普遍的価値原理として発展する過程ではないか。そして私たちは，「個人をベースとする公共意識」「地球市民としての共同体意識」の双方から，この価値原理に基づく持続可能な地域コミュニティを求め，それによりつながる時代を生きているのではないだろうか。

2　持続可能な地域づくりにおける「対立」—持続可能な地域づくりを担うのは誰か

　「持続可能性」を普遍的価値原理におくということは，しかし，それを不問の共通目標とすることとは異なる。

持続可能な地域づくりの実現には，大きく分けて2つの方向性が考えられる（図1.2）。1つは「権威による持続可能な地域づくり」，つまり政治，経済，学術界などの権威をもつリーダーが，持続可能な地域づくりのあり方と実現へ向けた方策を示し，民衆はそのために動員される方向である。もう1つは「多様な主体の参画による持続可能な地域づくり」，つまり地域づくりの過程に多様な人や組織が参画し，認識をすり合わせながら，取り組みが進む方向である。

　1980年代後半，「持続可能な開発」概念が提言された当初，とくに強調されたのは，人間社会が経済成長を求めるなかで自然資源を浪費し自然環境を破壊しつくすことで，将来，人類が地球上に存続できなくなる危険性だった。それから30年の議論と取り組みの広がりを経て結実したのが，SDGsが記された『我々の世界を変革する：持続可能な開発のための2030アジェンダ』（2015年9月25日第70回国連総会で採択。以下，「2030アジェンダ」）という文書だ。このなかでは，環境破壊を食い止め，格差を解消し，すべての人々が満たされた生活を送ることのできる世界をかたちづくる経済社会への大胆な変革がうたわれている。図1.2は，「持続可能な開発」の理念を，この『2030アジェンダ』などにおける議論をもとに整理したものである。「持続可能な開発」とは，人類が「地球の限界」の枠内で，「包摂・共生」の価値を共有し「誰ひとり取り残さな

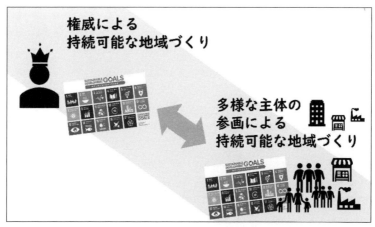

図1.2　持続可能な地域づくりの二つの方向性
出所：二ノ宮リム（2022）を改訂

い」ことをめざす社会を創造し，互いに「人権」を尊重しあう，それらを「統合」した取り組みとして理解することができる。さらに，その実現のためには，あらゆる人や組織の「参画」により，社会全体を大きく「変革」していく必要性が認識されている。先述の「多様な主体の参画による持続可能な地域づくり」を通じ，既存の枠組みのなかで状況を改善するだけでなく，社会全体のあり方そのものを変えていくことが必要だと考えられている。

いっぽう，「持続可能な開発」「持続可能性」という言葉は，いかようにも解釈でき多様な意味づけができるという意味で「空っぽの記号」ともいわれてきた。近年，政府，企業，学校，市民団体など，あらゆるセクターのさまざまな主体がSDGsや「持続可能な地域づくり」に向けた取り組みをアピールするようになっているが，それぞれの人，組織，地域における，その解釈や実体は実に多様だ。「地球の限界」「包摂・共生」「人権」のうち，どこに重きをおくか，その比重はさまざまに異なる。これらの一部に焦点を当てその統合を意識せず，ときにはほかの領域を犠牲にする取り組みも依然みられる。さらには，「地球の限界」「包摂・共生」「人権」の解釈にも異なる見方や立場があり，それぞれの「正しさ」の主張が鋭く対立する状況が，家庭，学校，職場，議会などのあらゆる現場で起きている。持続可能な地域づくりに向けた取り組みのな

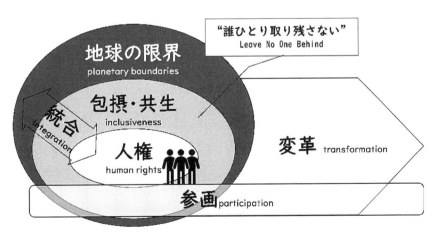

図1.3 「持続可能な開発」の理念
出所：二ノ宮リム（2021, 2022）より

かで，たとえば原子力発電所をどう位置づけるか，大規模な再生エネルギー発電をよしとするか，新たな道路や交通網の開発が必要か否か，あるいは高齢者の介護は誰がどのように担うべきか，ジェンダー平等に照らして「女性の活躍」をどうとらえどう促すか，現に深刻な対立が生じている課題がいくらでもある。

　さまざまな人・組織・地域がそれぞれの解釈のもとに「持続可能な地域づくり」を実体化するなかでは，対立は不可避だ。こうした対立を乗り越える過程は，現実にはしばしば大変な苦しさや難しさを伴う。そのために，向き合わねばならない対立が放置される，または隠される，そして政治的，経済的，物理的に力の強い者の意向に沿って物事を進めるかたちで強引に解決されてしまうという事態がしばしば起きている。

　しかし本来，参画による変革を意図する「持続可能な地域づくり」には，多様な立場の間の対話が不可欠だ。とくに，信条，文化，経済状況などの違いによる分断や格差が国内外で深刻化する今，異なる価値観をもつ者の間の対話が，喫緊に取り組まれるべき課題として浮上している。

3　「対立」をのりこえる「対話」

　では，ここでいう「対話」とは何か。哲学者マルティン・ブーバー（1979）は，「対話」とは「対話の関与者が，その現存性と特殊存在において，現実にひとりの相手，または多くの相手に心を想い，相手と向かい合い，対話者と相手の間に生き生きとした相互関係をつくり上げようとする場合」に成立すると論じ，デヴィッド・ボーム（2007）は「対話とは『新たなものを一緒に創造する』ことであり，そうした対話は「人々が偏見を持たず，互いに影響を与えようとすることもなく，また，相手の話に自由に耳を傾けられる場合」に限って実現すると述べた。M. B. ローゼンバーグ（2021）は，他人の言葉に反射的に反応するのではなく，自分が何を観察し，どう感じ，何を必要としているかを意識的に把握して言葉を発すること，相手への尊敬と共感を保ちながら自身を

率直に表現することが必要だという。平田オリザ（2012）は，対話とは「AとBという異なる二つの論理が擦りあわさり，Cという新しい概念を生み出す」ものであり，「両者ともに変わるのだということを前提にして話を始める」のだと説く。また，中島義道は，「〈対話〉のある社会」について以下のように論じる（中島 1997）。

> …弱者の声を押しつぶすのではなく，耳を澄まして忍耐強くその声を聴く社会である。それは，漠然とした「空気」に支配されて徹底的に責任を回避する社会ではなく，あくまで自己決定し自己責任をとる社会である。…（中略）…それは，相手に勝とうとして言葉を駆使するのではなく，真実を知ろうとして言葉を駆使する社会である。それは，「思いやり」とか「優しさ」という美名のもとに相手を傷つけないように配慮して言葉をグイと呑み込む社会ではなく，言葉を尽くして相手と対立し最終的には潔く責任を引き受ける社会である。それは，対立を避けるのではなく，何よりも対立を大切にしそこから新しい発展を求めてゆく社会である。それは，他者を消し去るのではなく，他者の異質性を尊重する社会である。…

これらから浮かび上がるのは「権力・利害構造に位置づく立場を越える対等な関係性のなかで人々が交流し，それぞれが変容しながら，異なる見方や価値観，論理を擦りあわせて新しいものを生み出すプロセス」（二ノ宮リム 2023）としての「対話」である。

4　「対話」の場創りの鍵

こうした「対話」では，そこに参画する人々に，表1.1のような姿勢や行動が求められる。つまり，地域のなかで「対話」を促すには，地域の多様な人々が，このような姿勢・行動をとることができるような環境を用意することが必要だ。つまり，地域のなかに「対話の場」を創っていくということである。表1.2は，筆者がそうした「場」をさまざまな領域で創る実践者からの聞き取りを通じて整理してきた「対話の場創りの鍵」である（二ノ宮リム 2023）。

対話の場を創ろうとするとき，それを担う人の第一歩は，(1) 多様な人々と，立場を越え人間としてつながり，しかし必要な緊張感を保ちながら，自ら

を対立軸に位置づけない配慮もしつつ、信頼関係を構築することだ。つぎに、（2）さまざまな立場にある人や組織が、自らの状況・文脈のなかから対立構造を超えて必要だと思える共通の目的を見いだして示す。さらに、対話の場に人々を招く際は、（3）既存の力関係や過去の経緯を認識し配慮しつつ、多様な人々に参画の機会を保障することで、多様性や公正性を尊重する。いよいよ対話の場を開催する段では、（4）参加者同士の間にある「立

表1.1 「対話」に参画するための姿勢・行動

・対等な姿勢：物怖じせず、卑屈にも尊大にもならない
・自分の理解と表現：自身の感情を理解し、思いを表現する
・相手の理解と共感：相手の感情を理解し、思いを尊重する
・関係性の構築：対話の相手として人間同士の関係性をつくる
・多様性と公正性の尊重：排除される立場からの声を対話にのせる
・主体性と責任：対立を避けず、主体的に対話にくわわる
・共創の意志：軸を持ちつつ、共有できる部分を見つけ、新たな価値を創る
・持続可能性の価値の共有：地球の限界・包摂／共生・人権を統合的に尊重する

出所：二ノ宮リム（2023）102頁より

場」の壁を取り払い、個々人を尊重しつつ、人々が発言しやすいような問いを投げかけ言葉を引き出し、「何が正義か・正しいか」よりもそれぞれの意見の裏にある「背景」「感情」「願い」の交流を促し、自分自身も一人の人間として感情や願いを共有しつつ参加者の反応を受けとめることで、参加者の間に人間同士の交流と共感を生むことをめざす。その際、参加者同士になんらかの共同作業の機会をつくることも有効である。対話の場を運営していくなかで、（5）必要な情報や知見を提示したり、対話の場に中立性や推進力を与えたりするために、地域の外からの支援を得てつなぐことも重要だ。その際は、そうした外部の力に左右されすぎないよう、自律性を確保することにも留意する必要がある。さらに、そうした「対話の場」を継続していくためには、（6）その「場」自体への信頼を醸成していくことが不可欠だ。対話の結果が場創りを担う人や組織の思惑と異なるとしてもそれを尊重するという意味で「場」の公正性を確保し、権力をもつ組織や人にも左右されないという意味で既存権力との対等性を確保しつつ、議会や自治会などを通じた既存の意思決定の仕組みにもつないで実際の施策などへの反映を促していくことが求められる。そのうえで、そうした「対話の場」ですべてが即座に解決できるわけではないという限界を認め

表1.2　対話の場創りに必要な鍵

(1) 多様な人々と信頼関係を構築する	立場を越え人間としてつながる
	必要な緊張感を保つ
	自らを対立軸に位置付けない（ただし対立軸に伴う権力構造の中でより弱い立場を尊重することも必要）
(2) 対立構造を超える共通の目的を示す	各人・立場の文脈と関連する共通の目的を見出す
(3) 多様性・公正性を尊重する	既存の力関係や過去の経緯を認識し配慮する
	多様な人々に参画の機会を保障する
(4) 参加者の間に人間同士の交流と共感を生む	「立場」の壁を取り払い個を尊重する
	問い引き出す
	「正義」より背景・感情・願いの交流でつなげる
	自分自身も開き，受けとめる
	共同作業の機会をつくる
(5) 外部からの支援・情報・知見をつなぐ	必要な情報や知見を提示する
	中立性・推進力を与える
	自律性を確保する
(6) 対話の場への信頼を醸成する	公正性を確保する
	既存の権力との対等性を確保する
	既存の意思決定の仕組みともつなぐ
	対話の限界を認める
	「対話」の場を積み重ねる

出所：二ノ宮リム（2023）105-107頁から抜粋，一部改変

ながら，「場」を地道に積み重ねていくことによって，地域のなかに「対話の文化」を創造していくこと，それが，参画に基づく持続可能な地域づくりを支えていく。

□ ■ □

　以上，本章では，現代社会における地域コミュニティを結ぶ普遍的価値原理としての「持続可能性」の可能性を確認したうえで，「多様な主体の参画による持続可能な地域づくり」を進めていくためには「持続可能性」の解釈や具体化のなかの「対立」を乗り越える「対話」が不可欠となること，その進展に向けて地域に「対話の場」を創る「鍵」を提示した。

誰ひとり取り残さない，公正で持続可能な地域づくり・地方創生は，「権力・利害構造に位置づく立場を越える対等な関係性のなかで人々が交流し，それぞれが変容しながら，異なる見方や価値観，論理を擦りあわせて新しいものを生み出すプロセス」（二ノ宮リム　2023）を実現する「対話の場」が地域に広がり，多様な人や組織がそこにくわわりながら共創の輪をかたちづくっていくことで，その道筋が拓けていくだろう。

注

　本章第1節は，二ノ宮リムさち（2018）の一部，第2・3節は同（2022）の一部を加筆修正し掲載したものである。また第4節で紹介する調査分析は同（2023）で詳細を報告している。

引用・参考文献

中島義道（1997）『対話のない社会』PHP研究所

二ノ宮リムさち（2018）「社会教育が提起するESDの実体とは―普遍的価値原理としての持続可能性と対話の学び」『月刊社会教育』62（5），54-60頁

―（2021）「序章　SDGs―「持続可能な経済社会」を知る・わかる・伝える」阿部治・二ノ宮リムさち編著・日本環境教育学会監修『知る・わかる・伝えるSDGsⅡ　エネルギー・しごと・産業と技術・平等・まちづくり』学文社

―（2022）「持続可能な地域を創るのは誰か―社会課題を乗り越えるための対話と教育」原田保・西田小百合・古賀広志・鈴木紳介・二ノ宮リムさち・黒崎岳大・石原圭子・松村茂「社会デザインのための新機軸創造―地域デザイン学会による接近方法の諸相」『地域デザイン』No.20，219-255頁

―（2023）「対立に向き合う『対話』の場づくり―"誰ひとり取り残さない"社会を拓く社会教育」日本社会教育学会編『SDGsと社会教育・生涯学習』東洋館出版社，100-112頁

平田オリザ『わかりあえないことから―コミュニケーション能力とは何か』講談社，2012年

広井良典（2009）『コミュニティを問い直す―つながり・都市・日本社会の未来』〈ちくま新書〉筑摩書房

ブーバー，マルティン（1979）『我と汝・対話』〈岩波文庫〉岩波書店，184頁

ボーム，デヴィッド（2007）『ダイアローグ―対立から共生へ，議論から対話へ』英治出版

ローゼンバーグ，M. B.／今井麻希子・鈴木重子・安納献訳（2021）『「わかりあえない」を越える―目の前のつながりから，共に未来をつくるコミュニケーション』英知出版

第 2 章
食と地域づくり

　本書では地方創生をテーマに，とくに地方創生における関係人口，関係案内人や地方の持続可能性に着目して魅力ある地域にするためのヒントを提示している。ここでは筆者が教育研究活動として実践している 2 つの取り組みを紹介し，食に着目した地方創生のヒントを探る。

　食は私たちが健康に生活するため，すなわち私たちの体をつくり，活動するための栄養素としてきわめて重要なものであるが，そのほかにも文化，コミュニケーションツールや娯楽としての意味をもち，社会を構成する因子にもなっている。石毛は，「人間は共食する動物である」と述べている。この共食の集団は基本的には社会を構成する単位である家族である[1]。共食に対して孤食は高齢者においてうつ傾向が強くなり，食の多様性に乏しく，BMI が低く（やせ）なり，QOL（生活の質）が低下することがわかっている[2]。また，ヒトはほかの霊長類にみられない積極的な食物の他者への分配をすることもわかっている。栄養面での分配では説明できない行動をすることがあり，このことがヒトの協力行動，ひいてはヒトの社会の構築や社会規範の確立につながっていると考えられている[3]。食の選択や嗜好性はその地域の地理・気候条件や食環境によって決定されるが，これらはそれぞれの地域によって異なり，食文化として確立される。食の嗜好性によりその人の出身や民族性などを知ることができる一方で，嗜好の他者への強要や差別という弊害も生まれる。また食は，宗教やそれぞれの地域でのまつりなどの風習により，神への供物や儀式に使われることがあり，一部では食べることが可能であるのに食べない，すなわち食の禁忌などもよくみられるものであり，このことも文化を構成する因子となる。このように食は地域の特性や文化を反映するものであり，地域創生の材料となり得るものであるといえる。

1　地域振興のための固定種の利用

　地域や地域農業の振興，地産地消の推進や地域の伝統文化の継承などの観点から日本全国でさまざまな地域の伝統野菜の復活や振興が行われている。農林水産省では伝統野菜とは「その土地で古くから作られてきたもので，採種を繰り返していく中で，その土地の気候風土にあった野菜として確立されてきたもの」と定義されている。近年は伝統野菜の復活作業が活発に行われ，各自治体が独自の基準を設けて，地域野菜や伝統野菜としての認証を行っているところもある。市場に出回っている野菜の大部分はいわゆる一代雑種（Ｆ１）のものが使われている。Ｆ１とは，異なる両親を交配させることで，両親をしのぐ性質が現れやすい（雑種強勢）という仕組みを利用するものである。一律の性質が現れ，作物の大きさ，病気や環境に対する耐性，収穫量などの面においてメリットがある。いっぽうで，孫世代の作物には一定の割合でそのような都合のよい特徴をもたないものが現れることから，農家は毎年新たな種子を種苗会社から購入しないといけないことからコストがかかることや，優良品種を１つの種苗会社が独占することで種子が高価なものになるというデメリットが指摘されている。しかしながら，Ｆ１の開発や実用化には多くの費用と時間を要するので上記のようなデメリットは許容されるべきだといえる。

　地域野菜や伝統野菜は主に固定種といわれるものが使用されていることが多い。固定種は１つの品種を代々目的とする形質（たとえば，大きなダイコンを得たいという場合に，大きなダイコンのできた株の種子を代々受け継ぐなど）の選抜を繰り返して栽培されているものである。固定種は限られた地域で代々受け継がれてきたものが多く，それらの地域の気候風土に適したものが多い。いっぽうで，Ｆ１のような均一な形質を示すことはなく，形質にばらつきがみられるが，そのばらつきが魅力でもあり，新たな注目すべき形質の選抜にもつながるともいえる。このような地域に適した作物の特性を活かして，固定種が地域振興の材料として使われているがある。たとえば，京野菜や鎌倉野菜などのブランドとして確立しているものや，「比企のらぼう菜」のようにこれまで注目さ

れていない品種の生産拡大によってブランド化に成功した例[4]や，これまでに消失してしまった品種を復活させる試みなどがなされている。

　筆者は，教育研究活動の一環として「波多野ダイコン」の復活を試みている。「波多野ダイコン」は現在の神奈川県秦野市周辺で江戸時代から栽培されていたダイコンで，形状が細長いのが特徴である。古文書の記述では1712年の『和漢三才図会』に後に世界で一番長いダイコンともいわれる守口ダイコンの元である宮前ダイコンと同様に，長さが60cmで周が4.5cmのダイコンであると記載されている[5]。また，1800年代に書かれた『成形図説』[6]（図2.1）や『本草図譜』[7]（図2.2）などにも波多野ダイコンが記載されていることから江戸時代には広く知られる品種であったことが推測される。しかしながら，なんらかの原因で栽培されなくなったことで消滅してしまった。筆者らは，2012年に神奈川県秦野市と平塚市を流れる金目川中流域から河口までを探索し，河原に自生しているダイコンのうち波多野ダイコンに形状の近い個体を採取した。その後大学近くの圃場で波多野ダイコンの形状に近い個体のみを選抜してその種子を採取し，次年度に栽培するということを繰り返し，古文書にある波多野

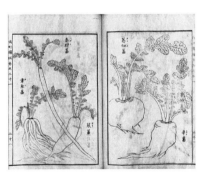

図2.1　波多野ダイコン
出所：『成形図説』21巻（1804）より

図2.2　波多野ダイコン
出所：岩崎常正『本草図譜』（1828）より

図2.3　秦野ダイコン

ダイコンに近い形質のダイコンを得ることができたので，そのダイコンを秦野ダイコン（図2.3）と命名した。採取当初のダイコンは食感が悪く，食味もダイコンのえぐみが目立ち食用にはまったく適さないものであったが，栽培を繰り返すことで肉質が滑らかで食味のいい個体が採種できるようになってきた。2020年からはそのダイコンの利用についても検討しはじめ，2021年にはJAはだのの協力を得て秦野ダイコンの唐揚げ，たまり漬けおよびナムルを試作し，秦野市の農産物直売所である「はだのじばさんず」および県立戸川公園内農産物直売所で試食会を開催した。その場での試食が可能であったたまり漬けとナムルについてインタビュー調査（それぞれn＝50）をした結果，ともに6段階評価の4以上の割合が90％であった。また，今後の購入意欲についてのインタビュー（n＝48）に対しても購入意欲がある回答が92％であった。今回の調査はおおむね良好な結果であったが，調査の対象が高齢者中心であったことと，比較的農産物に興味のある人が対象であったことから，若年層や農産物にそれほど興味のない人の反応は不明であり，若年層向けのスイーツやより品質の高い食品の開発が課題である。

2　地域での農業体験

　わが国の食に関する大きな問題は低い食料自給率である。2022年度の食料自給率はカロリーベースで38％と低い値を示している。図2.4には主要先進国のカロリーベースの自給率を表している。カナダ，オーストラリアやアメリカなどの国土面積の大きな国の食料自給率が高くなっている傾向にあるが，国土面積がわが国の約1.7倍のフランスは117％，国土面積が近しいドイツ，イタリアや国土面積が小さいイギリスと比較しても低い値になっている[8]。国際競争力に低下や国際情勢が混沌としているなかで世界の穀物生産量や価格の変動が食卓に直接影響することはもちろん，食料安全保障の面からもわが国の食の事情は非常に危ういものであるといえる。1965年度の食料自給率は73％であったが，わが国の主要な農作物であるコメの消費が減少する一方で，畜産物や油脂

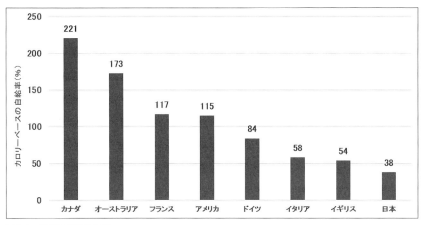

図2.4　各国の食料自給率

出所：農林水産省の資料から改変

表2.1　品目別自給率（2022年度概算値）

品目	肉類			鶏卵	牛乳・乳製品	コメ	コムギ	ダイズ
	牛肉	豚肉	鶏肉					
自給率（％）	40	49	64	97	62	98	15	6
自給率（飼育自給率を考慮）	11	6	9	13	27	―	―	―

出所：農林水産省「令和4年度食糧自給表」

類の消費が増加するなどの食生活の変化や不適当な農政が食料自給率減少の大きな要因である。

　表2.1は，2022年度の重量ベースでの品目別食料自給率である。コメが98％であるのに対し，コムギが15％，大豆が6％と非常に低い値を示している。畜産物の重量ベースでの「みかけ」の自給率は牛肉が40％，豚肉が49％，鶏肉が64％，鶏卵が97％，および牛乳・乳製品が62％である。しかしながら，家畜の飼料の自給率を考慮した自給率に換算すると非常に低い値になる。豚肉や鶏卵で減少度合いが大きく，とくに鶏卵では84ポイントも減少する。これらの家畜には主に配合飼料が使われているが，その配合飼料の主成分であるトウモロコシの自給率に至ってはゼロである[9]。

　農業従事者についてみると，農業の基幹的農業従事者（15歳以上の世帯員の

うち，ふだん仕事として主に自営農業に従事している者）は2005年には約224万人であったのに対し，2020年には約136万人へと15年間で約88万人減少した。加えて農業従事者の高齢化も進行しており，全農業従事者数に占める65歳未満の割合と65歳以上の割合は，2005年にはそれぞれ42.6％および57.4％であったのに対し，2020年にはそれぞれ30.4％および69.6％で，ここ15年間で65歳以上の割合が12.2ポイント増加している。このようにわが国の農業の問題は，農業従事者の減少および高齢化，費用などの面も含めた新規参入の困難さ，農地の減少および耕作放棄地の拡大などがあげられるが，その対策として企業や法人などの農業参入，農業経営塾などの農業従事者や新規参入者への教育の充実，およびICT技術を用いた作業の省力化・効率化などが取られているが，問題の解決には至っていない。

　需要に対応できない供給量は海外に依存することになる。わが国は食料を主にアメリカ合衆国，中国，カナダ，タイ，オーストラリアから輸入しているが，これらの国では農作物を大量に効率よく生産するために大規模農業が行われ，表土の流出や砂漠化，窒素肥料に由来する温室効果ガスの排出，肥料や農薬の大量投入に伴う土壌劣化およびリン酸肥料の枯渇などが問題になっている[10]。また，海外からの輸入量や輸入先からの距離が長くなると，輸送にかかる燃料の消費量が多くなり，二酸化炭素などの温暖化ガスを多く排出することになり，地球規模での気候変動にも関与することになる。

　以上のように国内の農業にはさまざまな問題が山積しているが，その原因の1つにはわが国の食環境が一見豊かで，食に関して逼迫した事態にはないことで，これらの問題については他人事であり無頓着になっていることがあるのではないかと考えている。多くの人が食に関しては生産者ではなく消費者であり，食料を衣料品や工業品などと同じ品物としてしか捉えられないことや，さらには人間が生活するためには自然環境からの恩恵を受け続けないといけないものであるという認識がきわめて低いのではないだろうか。そのことは近年人間が自然環境に対して過剰な恩恵を要求するようになったことでさまざまな問題が顕在化していることからも説明できる。筆者は消費者である学生が生産者

の立場を体験するための方法として農業体験実習を行なっているので，その内容を解説する。

　農業体験実習は，2001年度から秦野市名古木の棚田での稲作実習を行っている。対象は本学の主に2，3年生で毎年の参加人数は年によって異なるが，30名から70名程度である。実習は5〜10月にかけて行っている。作業には農業機械を極力導入しないで，原則として農薬や化成肥料を使用しない，すなわち昔から行われてきた農作業を体験するものである。作業の内容は5月に鍬を使って田を耕し，水路から山水を取り込み，田の整備（代かき）を行ったあとに6月に手植えでの田植えをする。その後夏季に鎌などを使った田の草取りや畔の草刈りなどを行い，9月に鎌を使って収穫したものをハザかけにより自然乾燥し，脱穀，籾摺り，精米する。

　これらの作業は春から夏にかけての非常に暑い時期の作業であり，学生たちには過酷な作業であり，このことを通じて食べ物というものについて改めて（あるいは初めて）考える機会になっていると考えている。また，この田は山間の谷にあるいわゆる谷戸の棚田であり，絶滅が危惧されるような貴重な動植物が存在していることから，自然を改変した農地である水田や棚田のシステムや地域の地理的・気候的特性や人間の活動がそれらの種の保存に重要な働きを示していることもわかる。

　この実習は，地域の農家の人や現地で活動しているNPO法人の指導・協力により成り立っている。私たちの耕作している田は地権者が高齢で放置されていたところで，継続した農業を行うためには新たな人員が必要であり，そのことで作物の生産や農地の多面的な機能が守られる。また，とくにここ数年イノシシやシカなどの鳥獣被害が頻発している。それは，とくに中山間農地で人が作業しなくなり，耕作放棄地の拡大することによる農地の荒廃が大きな原因になっているとされている。また，鳥獣被害は農業を継続する意欲をなくす原因の1つであり，この農業体験での耕地の利用が地域の荒廃を防いで地方創生を考えるうえでも重要な因子になると考えている。また，私たちが活動している地域は，農林水産省の「つなぐ棚田遺産〜ふるさとの誇りを未来へ〜」として

神奈川県で唯一指定されているところで，神奈川県や秦野市でも観光スポット
して取り上げられていることから，地域振興の一役を担っていると考えられる。
　実習の内容の一部を写真❶～❻で紹介する。写真❶は，2001～2019年まで使
用していた棚田で，新型コロナウイルス感染症（COVID-19）の流行などの影
響で使用しなくなった。写真❷は，田植えの様子。写真❸は，収穫後にイネを
乾燥するためのハザがけをしている様子である。写真❹は，COVID-19の流行

写真❶　田の全景（2019年）

写真❷　田植え

写真❸　ハザがけ

写真❹　田の全景（2023年）

写真❺　作業の説明

写真❻　収穫後

が収まってから新たに使用しているところで，2019年までに使用していたところより面積が減少し，より狭い谷の田で谷戸田の性質が強くなった。写真❺は，NPO法人の人から作業の内容について説明を受けているところである。写真❻は，収穫後に全員が集まったところである。

　地方創生についてはいくつもの著書，論文や解説が出されているが，どの方法もその地域の特性を生かした取り組みやその地域の自治体や住んでいる人々の参加が必須であると考えられる。ここで示したような活動が交流人口や関係人口の動向，あるいは地方創生にどのような影響を及ぼしているのかを定量的に検証していないが，地域の特性を生かしたなんらかの活動を「継続的に」行い発信することで，それらに関心をもった人々が交流人口や関係人口に含まれるようになるのではないだろうか。食や農は十分その素材になりうるものであると考えている。

注
1 ）石毛直道（1991）「食卓文化論」『国立民族学博物館研究報告』別冊16号，3頁
2 ）Y. Kimura, et.al.（2012）Eating alone among community-dwelling Japanese elderly: Association with depression and food diversity., *The journal of nutrition*, health & aging, 16, 728-731
3 ）山本真也（2017）「ヒト科3種の比較認知科学から探る食物分配と協力社会の進化」『動物心理学研究』67（2），63-71頁
4 ）松尾明音・内山智裕（2021）「伝統野菜の生産拡大の成功要因と将来展望―『比企のらぼう菜』を事例として」『東京農大農業集報』66（3），75-80頁
5 ）『和漢三才図会 下之巻』1627頁（1712）https://dl.ndl.go.jp/pid/898162/1/816　利用規約：https://www.ndl.go.jp/jp/sitepolicy/terms.html（2023年10月29日最終閲覧；以下のURL同様）
6 ）『成形図説』21巻．（1804）22頁〈日本古典籍データセット〉（国文研等所蔵）人文学オープンデータ共同利用センター　http://codh.rois.ac.jp/
7 ）岩崎常正『本草図譜』巻46-48（1828）国立国会図書館デジタルコレクション　https://dl.ndl.go.jp/pid/2550789；利用規約：https://www.ndl.go.jp/jp/sitepolicy/terms.html
8 ）農林水産省「世界の食料自給率」　https://www.maff.go.jp/j/zyukyu/zikyu_ritu/013.html
9 ）農林水産省「食料需給表」　https://www.maff.go.jp/j/zyukyu/fbs/
10）C. T. Kraamwinkel et. al.（2021）Planetary limits to soil degradation., *Communications Earth & Environment*, 2: 249, 1-4 ／ D. Wuepper, P. Borrelli and R. Finger（2020）Countries, and the global rate of soil erosion., *Nature Sustainability*, 3, 51-55 ／ A. Tripathi, et.al.（2020）Influence of synthetic fertilizers and pesticides on soil health and soil microbiology., *Agrochemicals Detection, Treatment and Remediation*, 25-54 ／ C. Alewell, et.al.（2020）Global phosphorus shortage will be aggravated by soil erosion., *Nature Communications*, 11, Article number: 4546

第3章
里山と地域づくり─神奈川県秦野市を事例にして─

1　里山とは

　里山という言葉は，農林業の営みによって二次的に形成された雑木林（二次林）に対して使われる狭義的な意味合いと，その雑木林周辺の環境，たとえば水田，畑，河川，ため池，集落など農林業の営み全体にかかわる農村景観（田園風景：図3.1）までを含めた広義的意味合いが存在する（四手井 1995，田端 1997，広木 2002，日本林業技術協会 2003，環境省）。近年では，里地という言葉も加えられた「里地里山」という用語が使用されており，その定義としては「原生的な自然と都市との中間に位置し，集落とそれを取り巻く二次林，それらと混在する農地，ため池，草原などで構成される地域」（環境省）とされ，この定義が浸透しつつある。その広義の里山（＝里地里山）には，日本人の生活や文化を支えてきた水田や雑木林などの草や木が茂る多様な環境が存在しているため，それらの環境を棲み処として多くの動植物も定着し，そこは日本の自然のなかでも生物多様性の高い場所になっている。

図3.1　里山の田園風景とその環境要素としての雑木林や水田環境　秦野市の里山的景観（左），管理された雑木林（右上），丘陵地斜面に形成された棚田（右下）

本章では，里山の多様な環境が含まれるなかで，とくに樹木の集まった身近な森である「雑木林」に着目し，その現状や地域の環境保全活動の事例，動植物の種類，大学生の保全活動と木材資源の利活用，関係人口の創出について紹介する。著者の教育・研究活動の関係で，神奈川県の西部に位置する秦野市での事例とさせていただく。

2　日本の雑木林の現状

　里山の雑木林は，人の生活で欠かせない熱などのエネルギー源として木材を活用するため，長い間薪や炭として活用されてきた。良質な炭づくりには，硬くて緻密な木材が適しており，なかでもブナ科植物は木材密度の高いグループであり，また温帯地域の森林の代表種でもあるため，雑木林の主要な構成種となってきた。そのため，日本の冷温帯から暖温帯までの温帯地域の雑木林には，その仲間であるドングリを実らせるシイ類やカシ類などの樹木が多く存在しており，それらの林が昔から人に管理されることによって林床まで木漏れ日が差し込む明るい林に維持されてきた。ただ，強度な間伐が行われた場合や乾燥した地域においては，ブナ科植物ではなくアカマツなどの乾燥に強いマツ科樹木が優占する場合もある。

　しかしながら，現在ではエネルギー源が化石資源（石油・石炭・天然ガス）に変化したため，それまで長く活用されてきた雑木林の木材資源の利用が低下し，それらの管理を主体的に行ってきた農業従事者の減少とともに雑木林の管理も行われなくなっている。雑木林の管理が行われなくなると，雑木林内の木々が生長し，さらに周辺環境から鳥などを通してほかの植物の種子も運ばれてくるために，雑木林内の樹木密度が高まり，結果として林内環境が暗い林に移り変わっていく（植生遷移）。そのような環境では，光要求性の高い植物は生育できなくなり，かつそのような植物に依存している動物も減少することで，結果として雑木林の生物多様性の低下が生じる。これらの課題を解決するために，近年では日本各地で雑木林の保全活動が進められ，地域ごとにNPO

やボランティア団体などが積極的に管理活動を行っている。

3　秦野市での雑木林の保全活動

　神奈川県秦野市は，北部は丹沢山地，南部は大磯丘陵地で囲まれた盆地地形を有し，面積の約5割が森林で占められた自然豊かなまちである。その森林は，スギやヒノキなどの針葉樹が植栽された人工林と広葉樹を代表とする雑木林に分けられ，主に人工林は標高の高い山地に，逆に雑木林は標高の低い丘陵地や集落周辺に多く存在している。秦野市は，関東近郊としてまとまった雑木林が存在していることから，国の里地里山保全再生モデル事業の拠点の1つに選定（2004年）された地域でもある。

　その秦野市には，里山の水田環境も含めて雑木林の保全活動に取り組む団体が数多く存在し，それら団体の連携強化や保全再生活動推進・広報のための連絡協議会及びガイドブックが作られている（秦野市環境産業部森林ふれあい課2023）。その資料によると，秦野市で活動する団体は会員数が50名以上の大きな団体が多く，その活動内容としては雑木林の基本的な管理である下草刈り・落ち葉掻き・間伐などから散策路整備やベンチづくり，生物調査まで幅広く活動されている（図3.2，表3.1）。また，NPO法人四十八瀬自然村では，雑木林の整備に加え水田での稲作栽培（酒米栽培：品種　五百万石）を行うことでどぶろく（日本酒）造りにもつなげ，特色のある活動が展開されている。NPO法

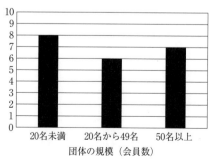

図3.2　秦野市における団体の規模数

表3.1　各団体の主な保全活動内容

活動環境	活動内容		
田・畑	イネ栽培	野菜栽培	ソバ栽培
	どぶろく造り		
雑木林	下草刈り	落ち葉掻き	間伐
	薪づくり	シイタケ原木	樹木看板
	腐葉土作り	炭焼き	竹林整備
	ベンチ作り	散策路整備	生物調査
	巣箱作り	リース作り	清掃活動

人自然塾丹沢ドン会の活動においても，丘陵地斜面の棚田での稲作栽培（飯米や古代米栽培）が進められており，棚田周辺に存在する雑木林と結び付けた活動を行うことでより効率的で効果的な保全活動となっている。

4　秦野市の雑木林の動植物

　それでは，そのような多様な活動が行われている秦野市の雑木林には，どのような動植物が存在しているのだろうか？　それらを明らかにするために，秦野市の複数の雑木林において生物相の調査が実施された（藤吉ほか 2007，藤吉ほか 2010，吉田ほか 2010，高橋ほか 2011）。

　その結果，秦野市の雑木林には，ブナ科の落葉広葉樹であるコナラとクヌギが多く存在しており，さらにイヌシデやミズキといった樹木が風や鳥による種子散布の影響で定着・生育していることが明らかになった（下線は図3.3参照）。そのような林内には，ラン科植物のシュンラン，キンラン，エビネ，ギンランなども生育し，さらにヒトリシズカやヤマユリ，イチヤクソウ，ウメガサソウ，リンドウなども生育している状況であった。

　いっぽう，動物は，哺乳類として13種が確認され，確認回数が多い順にタヌキ，ノウサギ，ニホンジカ，ハクビシン，イノシシ，イタチ，アナグマ，ニホンザル，テン，キツネ，ニホンリス，アライグマ，ムササビであった。そのほか，鳥類としてコゲラ，ヒヨドリ，ウグイス，エナガ，シジュウカラ，ヤマガラ，ホオジロなどの留鳥やホトトギス，キビタキなどの夏鳥，トラツグミ，シロハラ，ジョウビタキなどの冬鳥などが確認された。さらに，昆虫類としては，カブトムシやノコギリクワガタ，コクワガタなどの代表的な種に加え，オオムラサキ，クツワムシ，トビナナフシなどの種も確認された。

　生物相の調査では，比較的個体数が多く存在している普通種から近年個体数を急激に減少させている絶滅危惧種（キンラン）や準絶滅危惧種（エビネ・オオムラサキなど）まで確認され，さらに外来種（植物：マルバフジバカマ，動物：アライグマ，ハクビシン，ガビチョウ，コジュケイ，アカボシゴマダラなど）も記

図3.3　秦野市の雑木林で確認された動植物

録された。

5　大学生による雑木林保全活動の実践

　著者の研究室では，秦野市の市有林の雑木林（約0.5ha）を2006年から管理をさせていただいている。管理を始めた2006年は，雑木林が管理放棄されて30年程度経過した林であったため，主要な樹木であるコナラとクヌギに加え，多くの常緑性の樹木や草本類（タブノキ，アラカシ，アオキ，アズマネザサなど）が侵入しており，林内の光環境改善のためにそれらの樹木の伐採から開始した。

　昔ながらの雑木林管理については，田畑の仕事が落ち着いた農閑期（12～2月）に雑木林に入り，下草刈りや伐採などの管理作業が進められてきた。その流れとしては，皆伐と切り株からの萌芽再生を促す切り株更新が約20年周期で繰り返されて，薪や炭などの木材資源が活かされてきた（図3.4）。しかしながら，約20年おきの皆伐作業はそれを生業とされる従事者の仕事であり，ボランティア活動として進めている本研究室では労力的にも時間的にも実施することは不可能である。雑木林の生物多様性にとっては，その作業に伴う光環境の改善が求められているため，本研究室では皆伐を行うのではなく，定期的な間伐を実施することにより樹木の生長で密になった林冠部をすく作業を進めることで，その目的を達成させている。そのため，毎年行っている作業としては，下草刈りや落ち葉掻き，間伐などであり，さらに雑木林の更新のため種子から育てた広葉樹実生苗の植樹活動も加えながら，研究室単位（約10名の学生）で無理なく進められる作業内容としている。2006～2008年までの3年間は，間伐や低木の伐採をかなり推し進めたため，4年目以降は大きく光環境が改善され，管理開始後17年経過した現在（2023年）では，年に数本の主要樹木の間伐程度におさまっている。その後の管理としては，1年間に生長した草や木本の実生などを冬場に刈り取り，落ち葉掻きをすることですっきりとした見通しのよい環境を維持している。しかしながら，近年関東地域の雑木林では，ナラ枯れの

病気が発生し，コナラやクヌギなどのブナ科樹木が枯死し，その枯死木の除去などで管理作業量が増えているのが現状であり，その収束が望まれている。

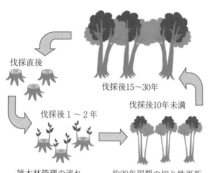

伐採直後

伐採後15～30年

伐採後1～2年　　伐採後10年未満

雑木林管理の流れ　　約20年周期の切り株更新

光環境の改善のための間伐作業

熊手で落ち葉掻きをしている様子

種子から育てた実生苗による植林活動

管理開始後17年が経過した雑木林

冬期管理後の雑木林の様子

図3.4　雑木林の過去の管理形態と本研究室での活動内容

6　木材資源の利活用

　そのような管理活動のなかで，雑木林の樹木の枝葉や木材が手に入れられるため，それらを資源として活かした草木染と木工クラフトなどの創作活動を環境教育の一環として進めている。それらの活動内容を以下に紹介する。

　草木染は，植物の葉や枝などに含まれる天然色素を材料にして，媒染剤と呼ばれる金属を活用することで発色・染着する染色方法であり，古来より行われてきた日本の伝統文化でもある。その方法については，複数の資料（藤吉ほか2014，藤吉ほか 2015）に示されているため，詳細は割愛するが，葉を煮てつくった煮汁に絞りを施した布を浸け込み，媒染液にさらに浸けこむことで発色が起こり，その操作を 3 回程度繰り返すとより濃く染まった布となる（図3.5）。草木染については，雑木林で手に入れられる材料として，鉄を媒染剤とした場合はクヌギ，イヌシデ，ミズキの葉が適しており，濃い黒色系の色合いとなる。また，銅の媒染剤ではミズキの葉を使用すると黄土色になり，使用する金属溶液で色の方向性が異なるため，草木染は植物のおもしろさや驚きを体

括り絞り　　　　　　棒絞り　　　　　板締め絞り　　　　折り紙絞り

図3.5　草木染の絞りの種類と染色布

考えるヒント

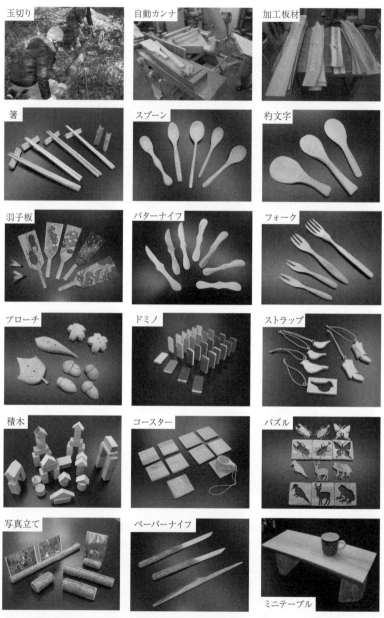

玉切り　自動カンナ　加工板材

箸　スプーン　杓文字

羽子板　バターナイフ　フォーク

ブローチ　ドミノ　ストラップ

積木　コースター　パズル

写真立て　ペーパーナイフ　ミニテーブル

図3.6　雑木林で手に入れた木材の加工手順とそれらを活用した木工クラフト制作物

験できるよい教材である。

　また，木工クラフトの実施については，雑木林で木を伐採したあとに，近隣市町村の森林組合に木材を持ち込み，製材加工を行っている。加工後は，大学キャンパス内で数年自然乾燥させ，その後ベルトサンダーや電動糸鋸，自動カンナなどの木工機械を活用して，学生それぞれが生活のなかで活用したい物づくりを進めている（図3.6：製作物の一部）。現代生活のなかでは，さまざまな素材が使用され，とくに近年ではプラスチックや金属などの人工物中心の生活様式になっている。そのため，雑木林で手に入れた木材を使用したモノづくりは，自然物特有の風合いやぬくもりを感じられるものとなり，普段の生活のなかでそれらを活用することで木材のすばらしさや大切さ，または雑木林と人とのかかわりを考えるきっかけにもつながるものと思われる。

7　雑木林保全活動を通した関係人口の創出に向けて

　このように著者の研究室では，雑木林の生物多様性の低下を防ぐために，毎年冬期限定で雑木林の管理活動やその林の資源を活かしたモノづくりなどの創作活動を行っている。それに加えて，本研究室では，雑木林保全活動を通して得られた動植物の調査結果や資源を活かした雑木林での自然観察会（図3.7）や大学施設内や地域公共施設での保全活動をポスターにまとめた展示などを実践しており，それらの活動を通して地域の人々との交流や実際雑木林へ来てもらうことによりわずかではあるが関係人口の創出にもつなげている。しかしながら，本研究室の活動は，大学生の自然や環境の教育および研究を目的とした活動であるため，関係人口を積極的に高める活動にはなっていない。

　しかし，地域の雑木林などで環境保全活動を進められているNPO法人やボランティア団体の人々は，団体内の交流に加えて，団体以外の参加者を募るイベントなども積極的に開催されていることから，地域の関係人口の創出には欠かせない存在となっている。実際，秦野市で活動を行っているNPO法人自然塾丹沢ドン会では，毎年塾生として自然体験や環境保全に興味のある人々を募

図3.7 地域の人々を対象にした観察会

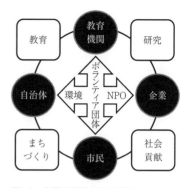

図3.8 多様な関係人口の創出

集し，同市内外から多くの参加・体験者を集められている。

　自然林などの原生的な自然が残されている奥山などは，そこに人はあまり手を加えず，自然の植生の移り変わりを促すもしくは見守ることが理にかなった考え方である。しかしながら，里山に存在する雑木林は，長く人が半自然状態の下で管理してきた林でもあるため，その林を維持していくためには，木を切ることが前提であり，その切られた木を資源として積極的に活かしていく必要がある。里山の雑木林の保全では，「生物多様性の維持」と「計画的な雑木林資源の利活用」のバランスを考えていかないと安定的に進めていくことはむずかしい。現在の雑木林保全の現状としては，この資源の利活用がうまく進められていない状況である。そのため，多くの人が集まる地域のNPOやボランティア団体を中心にして，地域の自治体・教育機関・地元企業・地域住民を巻き込む形で保全活動を進めていくことができれば，さまざまな効果（教育・研究・社会貢献・まちづくりなど）を生み出し，さらに地域外からも多くの人が集うことにより，多様な関係人口の創出につなげていくことができるのではないだろうか（図3.8）。雑木林保全やそれにかかわる里山保全は，一過性の活動ではなく，永続・継続的な活動が求められているため，持続的な関係人口の創出につながる活動でもある。地域の環境保全に取り組むNPOもしくはボランティア団体に入会されていない人は，地域の活動団体の特徴を調べたうえで，自身の興味に合った団体に加わることで雑木林保全活動などを楽しんでほし

い。また，すでに団体に入会されている人に対しては，地域の自治体や教育機関，企業，市民の4つの主体をすべて絡めるのは理想的な形であるが，雑木林保全もしくは里山保全をさらに充実・向上させるためにはどのようなことが所属団体に必要なのか，そのことをしっかり考えたうえで，個人の特技や団体の特色を活かしながらかかわりあう双方の利益も考え，小さな規模でつながりをもてるところからその一歩を踏み出していただきたい。

引用・参考文献

環境省「里地里山の保全・活用」https://www.env.go.jp/nature/satoyama/top.html

四手井綱英（1995）『森に学ぶ―エコロジーから自然保護へ』海鳴社

高橋耕平ほか（2011）「秦野市における雑木林樹木の利用―優占樹種とそれらの木材特性」『東海大学教養学部紀要』第42輯，281-286頁

田端英雄（1997）『エコロジーガイド　里山の自然』保育社

日本林業技術協会（2003）『里山を考える101のヒント』東京書籍

秦野市ウェブサイト　https://www.city.hadano.kanagawa.jp/www/index.html

秦野市環境産業部森林ふれあい課（2023）「秦野市里地里山活動団体ガイドブック」 https://www.city.hadano.kanagawa.jp/www/contents/1001000001310/index.html

広木省詔三（2002）『里山の生態学―その成り立ちと保全のあり方』名古屋大学出版会

藤吉敬子ほか（2007）「神奈川県弘法山公園において自動撮影と夜間観察で得られた哺乳類の記録」『神奈川自然誌資料（28）』59-65頁

藤吉正明ほか（2010）「秦野市の雑木林及び水田における指標生物を用いた環境評価の試み」『東海大学教養学部紀要』第41輯，283-301頁

――（2014）「秦野市における雑木林木材の活用―優占樹木の葉と樹皮を使用した草木染め」『東海大学教養学部紀要』第45輯，227-236頁

――（2015）「環境教育における草木染めの活用―身近な環境での草木染めに適した植物の選択」『環境教育（25）』107-114頁

守山弘（2001）『自然を守るとはどういうことか』農山漁村文化協会

吉田裕樹ほか（2010）「秦野市弘法山公園において2006年から2008年までに観察された鳥類」『神奈川自然誌資料（31）』75-79頁

考えるヒント

第4章
グローバリゼーションと地域づくり

1　グローバリゼーションと課題

　筆者は，2020年まで青森空港と韓国インチョン空港をいききしていたが，新型コロナで青森空港からの韓国線は閉鎖されてしまった。厳しい条件をクリアすれば，何とか国境を超えることが可能になったが，青森空港ではなく，やむを得ず成田空港を利用することになった。そのため久しぶりに成田空港を利用することになった。成田空港に降りたとき，審査の厳しさにも戸惑ったが，多くのスタッフが外国人だったことにもびっくりした。最近韓国のソウルも以前より多くの外国人と出会うし，こういう変化は進んでいるグローバル化の一面ではないだろうか。

　このようにグローバリゼーションは至る所で活発になっている。スティーガー（2009）によると，グローバリゼーションは，地域空間で行われていた経済的，政治的，文化的営みがグローバルレベルで繰り広げられる現象であると定義されている。経済的次元でのグローバリゼーションとは，貿易や金融などの経済的な活動が国境を越えて世界を舞台に行われていることを意味する。グローバルが進む前は，距離の制約でモノや人の交流が地域内で完結されていたが，技術の発展により輸送コストや通信コストが大幅に低下され，そのような制約が克服されることになってきた（経済産業省 2000）。経済的グローバリゼーションは，資本主義，新自由主義の理論を土台に，とくに多国籍企業によって進められてきている。

　また，政治的な次元でのグローバリゼーションも進められてきている。政治的な次元とは，国民国家を中心に行われてきた政治的な相互関係が，地球上のいたるところまで，拡大する状況によって確認されることを意味する。以前の政治的なガバナンスが1つの国を中心に国内で行われてきたが，政治的なグローバリゼーションによって，地球上の政治的相互関係が拡大してきている。

このような政治的なグローバリゼーションは，自治体レベル，地域レベル，国際機構レベル，民官・市民社会レベルで積極的に行われている。

　グローバリゼーションのもう1つの特徴は文化面でも広がっていることである。文化的次元は，文化の相互依存関係が世界的に広がっている現象を意味する。そのため以前は各国，地域のオリジナリティをもっていた文化が，普遍化，画一化してきている。このような現象は，インターネットなど新しいテクノロジーの発展によって，とくに多国籍企業の影響力拡大によって加速化されてきているといわれている。

　いっぽう，グローバリゼーションに関しては，その始まりがいつごろからか，その結果が各国に及ぼす影響が肯定的か否定的かなどいろんな論点がある。地域つくりの観点から注目する必要があるのは，グローバリゼーションの行方であろう。グローバリゼーションの行方に関しての議論は，今後グローバリゼーションがどこまで拡大していくのかに関する内容である。その具体的な内容は，"グローバリゼーションによって国民国家のパワーが奪われてきたのか？""グローバルガバナンスの出現を目にしているのだろうか？"などの疑問である（スティーガー 2009，67頁）。大まかに整理してみると，国民国家体制が終わり，グローバルなガバナンスが出現されるのか，あるいは，今までどおり，国民国家の影響力が維持されるか，強化されるかに関する議論である。もしグローバルなガバナンスが以前より顕著化されると，国民国家および地方の政治体制にも大きく影響を及ぼすに違いない。

　これに関してある論者は，とくにグローバリゼーションの誇張派と呼ばれる側からは，1960年代後期のグローバリゼーションは政治，支配，ガバナンスの急進的な「脱領土化」が特徴であるため，今後グローバル化は，以前より進んで，グローバルなガバナンスが実現されると主張している（スティーガー 2009，67頁）。このような主張の根拠には新自由主義のもとで拡散するグローバリゼーションの経済的次元がパワーを増している現状があるといえよう。このような論理から，多国籍企業などを中心として，グローバリゼーションの経済次元の拡散が進んで，国家の衰退を歴史の必然と主張する論者もいる（加

藤・青木 2001，25頁）。

　いっぽう，そのような急激な変化は起こらないとの推測と，望ましくもないと考える論者もいる。スティーガーよると，政府は自国経済のグローバル化のためいろいろな政策を講じることができるし，9.11テロ攻撃に対応して世界的に実施された一連の徹底した国家安全保障措置が強化されるなど，国民国家の伝統的機能はまだ維持されると考えられている（スティーガー 2009，67頁）。

　このような議論は，国家および地域のあり方がどのような変化を迎えるのかに関する議論である。結論的には，まだ国民国家のパワーは維持されるだろうが，今まで国家が担ってきた役割の一部はグローバリゼーションによって衰退していくは必然であり，グローバル化は進むことになると予測されている。

　今後グローバリゼーションがさらに進むのであれば，私たちに課されている課題は，グローバリゼーションをどのように受け入れるべきかである。これに関して，フリードマン（2000）は"グローバル化時代がさまざまな国や個人に与えた課題は，アイデンティティや，これぞわが家，わが共同体という意識を守るための行為と，グローバル化システムのなかで生き残るための行為とのあいだに，健全なバランスを見いだすこと"（70頁）であると強調して，今後国家と地域がグローバル化とどのように向か合うべきかに関して，1つの指針を提示している。要するに，グローバリゼーションは避けられないし，またデメリット多いがメリットも少なくないのが特徴であるため，今後デメリットを最初限にしながら，うまく地域にあうグローバル化を進めるべきであるということだ。

　実際，グローバリゼーションは，経済的次元による地球レベルでの経済活動の活性化とそれによる富の増大，政治的・文化的グローバル化による相互関係の強まりとそれによる自由と平等の拡散などメリットも少なくない。逆にデメリットも少なくないのが現状である。格差の拡大，環境問題の深刻化，アイデンティティの弱体化，文化の画一化などが主なデメリットとして問題視されてきている。たとえば，経済的なグローバル化，とくに多国籍企業がもたらすデメリットとして，ホスト国の資源，伝統的知識の搾取，地元企業への打撃，格

差の拡大，地元文化の破壊などがいわれている（須藤 2007，135頁）。

　こういう理由で，フリードマンはグローバリゼーションをうまく活用することで，規模が小さい自治体でも，グローバル化を通じて，新しい技術や市場を利用して，自分の文化やアイデンティティ（オリーブの木）を守れる可能性があることを指摘している（2000，61頁）。よって，とくに今からの時代はグローバリゼーションとどう向き合うべきかが国家，地域の課題であるといえよう。

考えるヒント

2　地域の過疎化と課題

　グローバリゼーション，とくに影響力が大きい経済的な次元による最も深刻な問題は格差であった。しかもこの格差は，先進国と開発途上国間の格差，国同士の格差，そして1つに国のなかでの格差といったいろいろなスケールで問題が広がっている。日本も例外ではないし，その1つの原因としてグローバリゼーションが十分考えられる。そして，広がっている日本内での格差問題の結果が，現在日本各地で起きている地域過疎化ではないだろうか。

　日本では，過疎地域は重要な社会問題として，解決のためにさまざまな対策が行われてきたが，少なくない地域ではさらに深刻化している。一部では過疎地域を超えて地域消滅という極端な予測も出てきている。総務省の過疎地域の状況から確認してみると，2018年日本全国1719市区町村のうち約5割の数値である817の市町村が過疎地域として指定された。いっぽう，総人口1億2709万人（平成27年国勢調査）に対して，過疎地域の人口は1088万人（約1割）である（総務省地域力創造グループ過疎対策室 2019，17頁）。

　どういう地域が過疎地域なのか。過疎地域の指定に関して，その基準をどう決めるべきか，指定要件については時代によって変わってきたし，現在も議論が続いている。人口過疎地域は一般的に人口統計基準と財政力要件で指定される（総務省 2019）。

　過疎地域は，その問題が深刻化した場合，地域消滅につながる可能性もあると指摘されている。増田は『地域消滅』（2014）で今後存続が危惧される地域

について，現状と課題などについて紹介している。とくに地域から大都市への人口移動が2015〜2040年度までこままま続く場合，20〜39歳の女性人口が5割以下に減少する市町村数は，896自治体，全体の49.9％になるとの予測を紹介して，このような地域を「消滅可能性都市」と命名して，対策の必要性を訴えている（29頁）。地域の消滅可能性の指標はまた明確にはなってないが，この本では，指標として，20〜39歳の女性人口そのものを取り上げている。

　少子高齢化，地域間の格差の拡大による地域過疎化と地域消滅は，福祉や医療，そして教育など住民生活に欠かせないサービスの維持と，道路や学校など地域のインフラの管理，さらに労働人口の税金の負担が増えるなどいろんな問題を引き起こし，地域を一層厳しい状況に向かわせるだろう。

　日本では人口減少，地域過疎化に関する問題は1970年代から始まって，政府は多様な政策と実践を実施してきている。日本の場合，中国のように一人っ子政策がとられたわけでもないし，各個人が自由な選択をした結果，少子化がすすんでいるので，はっきりした理由をわからないままでは，有効な政策を立てることはむずかしいとの意見もある（増田 2014, 180頁）。しかしながら，それなりに過疎化と食い止めるために努力してきたし，体表的な対策は，過疎地域対策緊急対策法であり，1970年に本法をつくり，過疎地域問題の解決をめざした。過去の過疎4法の主な内容は下記の表4.1のとおりである。

　上記の概要から，人口減少や過疎地域問題を解決するために行われてきた主

表4.1　地域過疎化に関する4法

法律名	過疎地域対策緊急措置法	過疎地域振興特別措置法	過疎地域活性化特別措置法	過疎地域自立促進特別措置法
期間	1979〜1979	1908〜1989	1990〜1999	2000〜2020（2009から11年延長）
目的	人口の角の減少防止 地域社会の基盤を強化 住民の福祉の向上 地域格差の是正	過疎地域の振興 住民福祉の向上 雇用の増大 地域格差の是正	過疎地域の活性化 住民の福祉の向上 雇用の増大 地域格差の是正	過疎地域の<u>自立促進</u> 住民の福祉の向上 雇用の増大 地域格差の是正 <u>美しく風格ある国土の形成</u>

出所：総務省（2019）「過去の過疎4法の概要」から一部抜粋

な政策の目的や特徴が時間の経過でどのような変化があったのかが読み取れる。2000年代からの特徴は，自立と風格ある国土の形成であるといえよう。地域の自立が強調されているのは，外部からの支援と援助での少子化や人口流出を食い止めることが困難であるという意味であろう。品格ある風土の形成も短期での対策より，長い目で魅力ある地域つくりが欠かせないという提案だと考えられる。1970年代からさまざまな実践を通じて提案された解決策であるので，地域消滅を食い止めるためには，各地域を自立した，かつ美しい，魅力ある街にするのが不可欠であると考えられる。

3 観光立国ビジョンと特徴，課題

　格差によって過疎化が進んでいる地域の活性化をために政府は多様な政策を実施してきた。その１つが観光立国である。観光で地域だけではなく日本の全体の活気をもたらすための戦略が「明日の日本を支える観光ビジョン」(2016)である。ここのでは日本の観光潜在力，今後の戦略，そのための課題などが分析されている。

　日本が観光立国を進めはじめた背景をみてみよう。まず日本は観光産業のために，十分な競争力ももっている。アトキンソン (2015) によると，観光大国の４条件として，自然，気候，文化，食をあげているし，日本はこれらの条件以外にも，おもてなし，治安などの観光のための不十分条件まで備わっていると強調している。よく考えてみれば，実際日本の場合，各地方にはユニークな自然と，その地域ならではの多様な文化がある。しかし日本は，このような観光資源を十分に生かしてないのが現実である。そのため，世界の観光収入対GDP が1.61％であることに比べ，日本は0.41％であり，世界観光ランキングが129カ国中126位にすぎないといわれている (アトキンソン 2015)。また，ほかの背景として，観光産業による過疎化する地域の活性化がある。そのため，"明日の日本を支える観光ビジョン" の重要な視点として，"観光資源の魅力を極め，地方創生の礎" を掲げている (観光庁 2016)。

観光立国のために大胆な改革を進めてきたし，今後の戦略も明確に提示されている。たとえば，2012年度からは，戦略的なビザ緩和，免税制度の拡充，出入国管理体制の充実，航空ネットワーク拡大などを進めてきて，その結果がすでに出ていると分析されてきた。その結果，2012年に836万名だった外国人旅行者は，約2000万人に，そして，外国人旅行者消費額は，1兆846億円から3兆4771億円で，約3倍もふえてきた（観光庁 2016）。

さらなる観光産業を推進するために，2016年，"明日の日本を支える観光ビジョン"を発表して，2030年までの目標を明確にし，達成すべき目標を掲げている。その目標として，2030年まで，訪日外国人旅行者6000万人，訪日外国人旅行者消費額15兆円，外国人リピーター数3600万人などが定められている。この目標を達成するために，「3つの視点」と「10の改革」，そして，それを実現できる施策も紹介している。このビジョンと目標の特徴の1つは，インバウンドの強化であるといえよう。もう1つの特徴は，東京，京都などの大都市や有名な観光地だけではなく，日本のすべての地域の参加を呼びかける戦略である。そのため，地域活性化と直接つながる内容も含まれている。たとえば，"滞在型農山漁村の確立・形成""地方の商店街等における観光需要の獲得・伝統工芸品等の消費拡大""東北の観光復興""世界水準のDMOの形成・育成，民間のまちづくり活動"などによる「観光・まち 一体再生」の推進，「地方創生回廊」の完備などである。

このように観光を通じてのインバインド産業の活性化と日本の地域活性化の戦略は，いうまでのなく過疎化していく地方を活性化するために，観光産業を生かせるからであろう。そのために，今まで主に保護の対象だった国立公園の利用，地域の文化材の活用，地域拠点であるDMOの設置などが施策に含まれてある。しかしながら，今まで観光資源，とくにインバウンドのために活用されなかった自然，地域を活用するためには課題が多いのも事実である。「明日の日本を支える観光ビジョン」施策集で取り上げている課題と今後の対応のなかでとくに地域活性化と関連性が高いいくつかをみてみよう。「明日の日本を支える観光ビジョン」施策集には，どのような課題があるのかを分析して，今

後の対応戦略まで示してある。そのなかで，とくにインバウンドによる地域つくりに関する内容として，"国立公園の「ナショナルパーク」としてのブランド化""地方の商店街等における観光需要の獲得・伝統工芸品等の消費拡大"などの課題が含まれてある。このような課題は，大まかには，次のように分類できるのはないだろうか。

　まず，インバウンド観光客が地方にも目を向けて，実際現地まで来てもらうのが大きな課題である。地域にも独特の魅力があるが，外国からの多くの観光客は有名な観光地を中心に巡る場合が多い。そのため，観光庁が設けた施策として，"世界水準の DMO の形成・育成""広域観光周遊ルートの世界水準への改善""インバウンド観光促進のための多様な魅力の対外発信強化"などがある。外国からの旅行者は，約6割がゴールデンルートに集中してしまうと知られている。この地域の観光資源について十分に認識してない可能性が高い。そのため DMO などを中心に地域の観光資源を積極的にアピールする必要がある。また，地域のよさについて知っても，交通が不便でなかなかアプローチできないところも少なくない。そのため"「地方創生回廊」の完備"施策で新幹線や高速道路を活用してもっと円滑に地方へアプローチできる仕組みをつくるのが課題として取り上げられている。

　もう1つの課題は，訪日外国人旅行者が地方の観光地を訪れたとき，十分に満足できる観光環境が整ってない問題である。この問題は，地域のオリジナリティある観光商品の不足や満足して泊まれる宿泊施設の不足，今や欠かせない無料公衆無線 LAN 問題などがその具体的な例として取り上げられている。このような問題を改善するために，"「明日の日本を支える観光ビジョン」施策集"では，"文化財の観光資源としての開花""国立公園の「ナショナルパーク」としてのブランド化""景観の優れた観光資産の保全・活用による観光地の魅力向上""宿泊施設不足の早急な解消及び多様なニーズに合わせた宿泊施設の提供""通信環境の飛躍的向上と誰もが一人歩きできる環境の実現"などの対応戦略が提示されている（観光庁）。その地域ならではの観光プログラムがあり，快適に滞在できる環境が整備されていれば，訪日外国人旅行者の満足

度は高くなり，リピーターとして，また訪れる可能性の高くなるだろう。

4　インバウンドを通じて地域活性化事例─国立公園満喫プロジェクト

　奥入瀬渓流の入口にある焼山地区は，かつてバブル経済のときは観光客が絶えなかったようだが，現在は訪れる人も少なくなり過疎化が進んでいる。ここに客足の絶えない奥入瀬渓流ホテルと閉店した津軽三味線観光会館がある（写真4.1）。同じ地区に位置しながら，一方は人気でかたや経営破綻してしまったその違いはなんだろうか。じつは以前，旅館だった奥入瀬渓流ホテルも経営難に陥り破綻したが，それを星野リゾート・リート投資法人が買い取ったのだ。

　奥入瀬渓流ホテルが過疎化する地域で繁栄できる理由はいくつもあるだろうが，1つの仮説として考えられるのはインバウンド戦略であろう。当ホテルは多くの外国人が訪れるホテルとして有名であるし，ウェブサイトにもインバウンドの重要性が強調されている。インバインドに力を入れる主な理由として，"世界中で外国旅行をする人口が増えていた" "日本の人口は2008年をピークに減少に転じており，インバウンド8人を増やすことで日本人1人を相殺できる"などの点をあげている（星野リゾート・リート投資法人）。当ホテルは，そのため地域の文化自然を生かしたプログラムを開発して運営することでも有名だ。

　これはまさに，フリードマンが『レクサスとオリーブの木』で強調した戦略である。フリードマン（2000）は，グローバル化経済システムにはまた，世界で最も規模が小さく最も力の弱い自治体でも，その市場を利用して，自分のオリーブの木や文化やアイデンティティを守れるようにするという面もあるとし，グローバル化時代がさまざまな国や個人に与えた課題は，アイデンティティや，わが共同体という意識を守るための行為と，グローバル化システムのなか

写真4.1　同じ地区で閉店した津軽三味線観光会館（左）と繁栄する奥入瀬渓流ホテル（右）

で生き残るための行為との間に，健全なバランスを見いだすことだと提案している。

よって，過疎化する地域づくりの解決策として，グローバル化時代のインバウンド（外国人旅行者）の可能性は考慮に値するのではないだろうか。その可能性を論じるため，グローバル化の現状と課題，地域過疎化の現状と課題，そして，地域過疎化を解決するための事例として，国立公園満喫プロジェクト事例を紹介する。

第3節での考察から，グローバリゼーションと地域過疎化は避けられない現象であり，そのため日本政府では前述のとおり「明日の日本を支える観光ビジョン」を設けて，グローバリゼーションを生かして，訪日外国人旅行者，インバウンドを積極的に受け入れ，地域過疎化問題の解決をめざしている。とくに観光と密接に関係がある国立公園の重要性が強調され，保護中心だった国立公園の新しいビジョンと役割を表4.2のように示している。

表4.2　国立公園の「ナショナルパーク」としてのブランド化

国立公園の「ナショナルパーク」としてのブランド化
日本の国立公園を世界水準の「ナショナルパーク」に
「国立公園満喫プロジェクト」として，まずは5箇所の国立公園で，「国立公園ステップアッププログラム2020」（仮称）を策定し，2020年を目標に，以下の取組を計画的，集中的に実施。2020年までに，外国人国立公園利用者数を年間430万人から1000万人に増やすことを目指す
・自然満喫メニューの充実・支援 ◇自然や温泉を活かしたアクティビティの充実 ◇質の高いガイドの育成 ◇ビジターセンターにおける民間ツアーデスクの設置 ◇入場料の徴収 ◇保護すべき区域と観光に活用する区域の明確化　等
・上質感のある滞在環境の創出 ◇ビューポイントを核とした優先改善 ◇エリア内の景観デザインの統一・電線の地中化 ◇質の高い魅力的な宿泊施設等の民間施設誘致（コンセッションの活用など）
・海外への情報発信強化
・観光資源の有効活用を目的とした関係省庁や関係自治体の一体的な取組の強化
・国定公園についても，都道府県の取組を促進

出所：観光庁（2016）「明日の日本を支える観光ビジョン」9頁

このビジョンで，国立公園の管理戦略が変化していることがわかる。すなわ
ち，国立公園の中長期計画では国立公園を観光資源として価値を高める戦略を
立てている。これは既存の国立公園が比較的に管理，保全に重点をおいて運営
してきたのに比べ，国立公園の自然資源，その地域の文化などの活用に焦点を
合わせていることを示している。

　このようなビジョンを達成するために，日本の国立公園の問題を2つ診断し
た。第一に自然保護のイメージがあるため観光活用が十分ではなく，第二に四
季折々の豊かな自然を満喫できる体験メニューと快適な滞在環境が不足してい
るため，観光客が魅力を感じるには限界がある（環境省 2016，5頁）。

　国立公園が観光資源としてかかえている問題を解決して，外国人観光客を積
極的に誘致して，地域の活性化につなげるために，考案したのが“国立公園満
喫プロジェクト”である。本プロジェクトでは，以下の基本戦略を提示してい
る。まず，全国の国立公園のなかから先導的モデルとなりうる国立公園を選定
し，集中的に改善事業を支援し，その成果を全国的に共有する。その際の先導
的モデルの条件は，国立公園を活性化できる資質（潜在力），そして地域の熱
意とそれを支援できる地域体制が整っているかなどとなり，実際にこの基準で
選定した。そしてほかの主要観点として，国立公園は多様な主体が管理してい
るので，自治体が協同で本プロジェクトを推進しようとする熱意があるのかも
重要視した。すなわち，多様な関係者が積極的に関与しようとするところを選
定しようとした。

　満喫プロジェクトへの参加を希望する国立公園を募集した結果，計16の公園
が応募し，表4.3の8つの公園が選定された。これだけ多くの国立公園が保護
から活用，利用できる環境を整えようとしているのだ。

　選定にあたっての基本的な考えは“地元の熱意やそれを支える仕組みやイン
バウンドを伸長する潜在力”“「先導的モデル」となる特徴的なテーマ性，モデ
ル性”があるのかであった。たとえば，十和田八幡平国立公園の選定理由を次
の表4.4のように評価されている。

　国立公園満喫プロジェクトの特徴は，インバインドの誘致，地域分散，地域

表4.3 満喫プロジェクト8つの公園と選定ポイント

国立公園名	選定のポイント
阿蘇くじゅう	災害復興，カルデラと千年の草原
阿寒	観光立国ショーケース エコツーリズム全体構想
十和田八幡平	震災復興，温泉文化
日光	欧米人来訪の実績
伊勢志摩	伝統文化 エコツーリズム全体構想
大山隠岐	オーバーユースに対する 先進的取組
霧島錦江湾	多様な火山と「環霧島」の自治体連携
慶良間諸島	地元ダイビング事業者による サンゴ保全の取組 エコツーリズム全体構想

出所：環境省（2016）「第3回国立公園満喫プロジェクト有識者会議」1頁

表4.4 十和田八幡平国立公園の選定理由

		自治体要望	主要な関係県が市町村とも連携を取りつつ要望
1．地元の熱意と仕組み	①地元の主体性，推進体制の構築	民間団体の関与	観光関係団体からも要望
			DMO候補法人設立予定
			具体的なリーダーの提案有
		予算・体制・人材確保	必要な予算の確保に積極的に取り組む方針
			人材育成に積極的
	②インバウンド増加に係る戦略・計画		数値目標のあるインバウンド関連戦略有
			景観条例，景観計画策定済
			インバウンド増加の行動計画策定予定（H30）
			標識等のデザイン統一
	③適正な利用の担保		マイカー規制の実施
			渓流区間を迂回するバイパス整備
2．インバウンドを伸長する潜在力（ポテンシャル）	①観光資源としてのポテンシャル		個性豊かな温泉
	②幅広い主体（観光庁・文化庁・民間等）との有機的連携のポテンシャル		広域観光周遊ルート
			JR，航空会社，バス事業者，旅行業者等を構成員に含む北東北三県観光立県推進協議会
3．特徴あるテーマ性，モデル性			震災からの復興
			バックカントリースキー
			湯治文化，祭り，伝統芸能
都道府県の提案を踏まえたコンセプト（案）			カルデラと渓流の四季の彩り，奥山の湯治場

出所：環境省（2016）「第3回国立公園満喫プロジェクト有識者会議」7頁

の自然文化を活用するプログラム開発，地域滞在環境整備などである。よって，このプロジェクトは，まさにグローバル化を生かして，過疎化していく地域活性化のためにプロジェクトであるといえよう。このような課題を解決して，効果を上げるために，多様な実践が同時に行われた。国立公園満喫プロジェクトの主な実践としては，広域連帯，国・地方の連帯，民間事業者との連携，公共施設の民間開発，マイナス景観の改善，利用料等を保全に還元する仕組みなどが主な実践内容である（環境省 2017，「第5回満喫プロジェクト専門家会議資料」3頁）。そして，本プロジェクトを活性化するためのテーマ別実践事項を提示している。テーマ別実践としては，民間を活用したサービス向上，訪問環境整備，プロモーション強化，関係政府機関と地域の連携，体制強化，質的指標活用，全国展開が含まれている。

　国立公園満喫プロジェクトは2016年から進められており，2020年までのプロジェクトの成果は，第一に，国立公園を訪れた外国からの訪問者の宿泊日数，消費金額，満足度の増加／上昇，第二に，外国からの旅行者を収容できる基盤づくり／コンテンツ発掘／地域の収容体制の強化などの環境整備，第三に多様な宿泊サービスの充実／民間との連携の強化などサービス向上とプロモーションを強化することができたと評価された（環境省 2020，47頁）。

引用・参考文献

アトキンソン，デービッド（2015）「新・観光立国論」明日の日本を支える観光ビジョン構想会議ワーキンググループ第1回資料　https://www.kantei.go.jp/jp/singi/kanko_vision/index.html

加藤義喜・青木一能編（2001）『グローバリゼーションの光と影—21世紀世界の経済・政治・社会』文眞堂

環境省（2016）「第3回 国立公園満喫プロジェクト有識者会議」議事次第・配布資料　https://www.env.go.jp/nature/np/mankitsu/03.html

——（2020）「第13回 国立公園満喫プロジェクト有識者会議」議事次第・配布資料　https://www.env.go.jp/content/000067686.pdf

観光庁（2016）「明日の日本を支える観光ビジョン—世界が訪れたくなる日本へ」　https://www.mlit.go.jp/kankocho/topics01_000205.html

経済産業省（2000）『通商白書』

スティーガー，マンフレッド．B．／櫻井公人・櫻井純理・高嶋正晴訳（2009）『グローバリゼーション』岩波書店

須藤秀夫（2007）「グローバリゼーションの担い手・多国籍企業の光と影」『西南女学院大学紀

要』Vol.11, 133-149頁

総務省（2019）「過去の過疎４法の概要」 https://www.soumu.go.jp/main_content/000753094.pdf

フリードマン，トーマス／東江一紀訳（2000）『レクサスとオリーブの木―グローバリゼーショ
　　ンの正体（下）』草思社

増田寛也編（2014）『地域消滅』〈中公新書〉中央公論新社

考えるヒント

第5章
教育が生み出す関係人口と地域づくり

「暮らすように旅する，旅するように暮らす」。こんなコピーが，くりこま高原自然学校[1]で目に入った。くりこま高原自然学校は，野外教育・冒険教育が専門である著者が，1996年に私費を投じ，自身で施設を建てて開校した民間の施設である。夏休みや週末の休日にさまざまな自然体験活動を展開し，子どもから大人まで非日常の世界で意味ある体験活動を提供してきた。その後，不登校の子どもをもつ親からの相談をきっかけに，自然学校で不登校を受け入れる体制も整えた。長期で不登校を受け入れ，生活をともにする，長期寄宿制度「耕英寮（こうえいりょう）」[2]を2000年から併設した。休日に実施する「自然体験活動」と日常で営まれている「生活体験活動」がまさに混在して展開をしてきた。暮らすことは日常であり，旅することは非日常である。いわゆるケ（日常）とハレ（非日常）が織りなす世界である。本書のキーワードにたびたび出てくる「交流人口」「関係人口」，そして「地域をつくる」ことを考えるのであれば，このコピーにヒントがあるような気がする。

この章では，著者がこれまでに自然学校の運営を通じて取り組んできた事例と関係する事例を振り返り，「教育」を介在した「交流人口・関係人口」「地域創造」に視点を当て，これからの地域づくりの可能性を考察したい。

1　地域の価値観

1995年に著者は，東京でのサラリーマン生活にピリオドを打ち，家族とともに栗原市栗駒に移り住んだ。そして，人生の新たな拠点にすべく「くりこま高原自然学校」の施設建設を始めた。建設した場所は，栗駒町といっても街から25kmほど山間を登り，栗駒山の山腹，標高600mほどの高原にある。そしてここは，戦後に満州から引き揚げてきた人が入植した開拓地であった。1947年から入植が始まり1955年には，およそ130戸の開拓農家があったと聞いた。そ

の後，あまりにも厳しい自然環境であるために離農した農家があとをたたず，1995年には38軒にまで減り，今ではわずか数軒になっている。

よそ者として，初めて地域の会合の参加したときのエピソードが今でも鮮明に記憶に残っている。著者自身は野外教育・冒険教育を専門としてきて，常にフィールドとして自然のなかに身をおいてきた。栗駒山山域の自然は，ぶなの森が広がり，清流があり，紅葉も色鮮やかで，冬は十分に雪が降る四季が廻るすばらしい野外教育の場である感じていた。自然学校を開校して間もないときに，「栗駒の自然はいいですね」と何気なく地域民の人に呟いた。そのときに思わぬ反応が返ってきた。「お前，そんなにここの自然がいいなら，冬にここに住んでみろ！」という返事だった。かれらは，戦後満州から引き上げてきた開拓農家で，巨木を伐採し森を拓き，炭焼きを続け，ナメコ栽培をし，やっと拓いた畑で大根をつくり，冷涼な気候の夏にはイチゴを栽培し，さまざまな生業へチャレンジをしていた。そしてここで暮らし，短い夏に畑仕事，雪が数ｍも積もる長い冬には出稼ぎをして，並々ならに苦労を重ねてきていたのである。よそ者が，「自然がいいですね」と軽々しく言えないことであると，ハッと気づかされた瞬間だった。その後，栗駒町耕英地区の歴史・文化，そしてどのようなコミュニティがあるのか，地域がもつ価値観について自問自答することになっていた。

野外教育が専門である著者にとっては，奥深い自然にワクワクする「教育の場」であるし，この地域にやってくる人のなかには「癒やし・健康の場」でもあり，「観光の場」として来る人もいる。ここに住んでいる地域民にとっては「暮らしの場」であり，「生産・生業の場」であり，逃げ場のない日常の場である。非日常のワクワクした気持ちだけでいるわけでない自然環境を「共生できる場」にするのか，「厳しい・風雪と対峙・戦う場」となるのか，どのように捉えるのかは，そこにいる人の「心のあり様」がその場の価値観を決定しているのだと考えるようになった。

（1）「山村留学」の現状と課題

　日本では，1950年代後半からの経済の高度成長が，地方から都市へと人の流れをつくり，かたや地方では過疎化が進行してきた時代背景がある。1960年代に入り，地方はさらに過疎化が進み児童生徒の減少から廃校せざるを得ない学校が増えはじめた。

　そのような時代背景を受けて，1968年に「育てる会」[3]は過疎対策として自治体と民間団体が連携をした山村留学を始めている。「自然体験」と「山村留学」が都市と地方をつなぐキーワードになった時代である。そして，1999年にグリーンウッド自然教育センターと同じように長野県で山村留学を行っている長野県浪合村「浪合通年合宿センター」で，全国で各地の広がりを見せはじめた「山村留学」にかかわる関係者の会合が開かれた。

　そして，山村留学を支援するスタッフ交流によって「山村留学の現状と課題」を共有する機会となった。そのときに参加した団体は大きく2つ経営スタイルの類型の分けられる状況であった。

　「山村留学」という事業を「過疎対策」でスタートした施設団体と「教育的

表5.1　教育と地域政策・地域づくりの事例と変遷

開始年	実施主体・団体	実施の理由・特徴
1968年	育てる会	過疎対策・自治体連携
1986年	グリーンウッド自然体験教育センター	教育価値・自然体験
1996年	くりこま高原自然学校	教育価値・野外教育
1996年	群馬県立尾瀬高校に改名自然環境科新設：全国から生徒募集	新たな学校制度対策
1999年	全国の国内山村留学者数約800名	
2000年	くりこま高原自然学校「耕英寮」開始	自立支援・教育価値
2008年	島根県立隠岐島前高校：全国から生徒募集	高校の存続・教育魅力化
2009年	鳥取県智頭町・森のようちえん	子育て世代の移住に影響
2018年	岩手県立葛巻高校	酪農体験・高校存続
2020年	内閣府地方創生：高校生の地域留学の推進	地域みらい留学

出所：参考文献をもとに著者作成

意義」でスタートした事業体との運営の違いが浮き彫りになったことを，著者は記憶している。それは過疎対策で実施している「育てる会」などの団体は，連携している自治体の財政状況に大きく左右されていた。「くりこま高原自然学校」や後述する「グリーンウッド自然体験教育センター」などは，後者であり運営そのものを自主事業でカバーし持続的に運営を行うという決意がある状況であった。以上の時代の流れから，教育と地域政策・地域づくりの関係について時代を追って整理をすると表5.1のようになる。

（2）「教育」を資源として地域を変える

　過疎地域がもつ自然資源や文化資源を「教育の資源」として生かして，教育環境を積極的に創造し，「教育」を資源として地域を変えてきた4つの事例を開始年度順に紹介する。

① 長野県泰阜村—NPO法人グリーンウッド自然体験教育センター

　団体の名前にあるように「自然体験」を「教育」の手法し，過疎地で教育を事業化してきた事例である。長野県の南部に位置する下伊那郡泰阜村は，人口がわずか1700人で南アルプスと天龍川に挟まれた山間にあり，耕作ができる農地が小さく過疎山村として苦難を強いられた歴史がある。NPO法人グリーンウッド代表の辻英之の執筆に『教育立村—国道も信号もコンビニもない「絶望的な山村」の挑戦』4)と題して，グリーンウッドが30数年にわたり取り組んできた，泰阜村の教育力について綴り，人づくりによって自律する村「教育立村」になった経緯を記述している。この章のタイトルである「教育が生み出す関係人口と地域づくり」をまさに実践してきた貴重な示唆である。そのなかで，泰阜村の風土によって創り出された「暮らしの文化」に内在する教育力に以下の4つをあげ，これを反映した教育活動を実施していると記し，代表的な事業である山村留学を展開する「暮らしの学校・だいだらぼっち」のプログラムの特徴を以下①～④でわかりやすく紹介している。

① 自立・自律の気風

共同生活を通じて「自分のことは自分でやる」ことを大切にしている。子どもとスタッフとの信頼関係や人言関係づくりまで含めて。「自然の中での生活」を自ら築きあげている。これがまさに「自立。自律の気風」を重視するプログラムを取り入れている。

② 教育尊重・長期的視野の気風

毎年繰り返される薪作りがあり，今年の薪は来年使われる。今年は去年の薪を使うとい1年間という長期間の教育活動であればあるほど「尊い薪の受け渡し作業」を成立させることができるといい，「薪の生活を通じて，物事を長期的スパンで考え，行動に移すセンスを子どもたちは学ぶ」。先のことだけにとらわれずに長期的視野で物事を捉えていくという泰阜村の教育尊重の気風がプログラムの内容・方法に取り入れられている。

③ 支え合い・相互理解・相互補完の気風

泰阜村に残る「支え合い」「お互い様」の文化に触れる機会は日常的に存在している。地域活動には，子どももスタッフも出労し，地域民との共同作業を通じて「困ったときはお互い様」の意味を身体で学んでいる。

④ 循環型の暮らし・生み出す暮らしのありよう

暮らしの学校では，ストーブやお風呂の燃料は薪であり，その薪は老人と里山に入り間伐作業をして確保する。畑や田んぼで食料も作り，さらに敷地内の陶芸登り窯で自分で食器を焼き，その食器でご飯を食べる。村の「暮らしの文化」を紡ぐ1年の暮らしを通じて「めんどくさいのが楽しんだ」と子どもたちが言うように，自然環境と共存しつつ暮らしを豊かに感じるプログラムが展開されている。

グリーンウッドは2001年にNPO法人化し，その後法人の予算は約1億円に成長し，そのうちじつに7000万円が地域の還元されるほどになり，小さな村の大企業と称するまでになっている。法人が展開した事業は，この村にもともとある資源を反映した「教育プログラム」による都市山村の交流から生まれたもので，その交流人口は人日計算で年間1万8000人を超え，交流人口が増えることで，村内の各施設にも雇用を生み出し，さらに，若手スタッフの雇用と定住を実現させ，自治会や消防団など地域を支える住民組織の担い手としての期待にも応えていると評価をされている。

最後に，辻が語った印象に残ったエピソードがある。暮らしの文化を丁寧に教育活動に反映していこうとしていた辻らの姿を見て「わしは，この村の子どもたちに。この村の良いことを何も教えてこなかった。だからわしは，生まれ

変わったら教師になって，この村の良いところをたくさん教えたい」と，１人の村民が発言し，村民自身にとっても地域の価値観を変えるものとなっている。

② 宮城県栗原市―くりこま高原自然学校

　野外教育・冒険教育を専門とする著者が私費を投じて1995年に自ら建築し設立した民間の野外教育事業所である。1996年から事業を開始し，教育事業を行う個人事業としてはじまり，20年数年という時を経て，形態も事業の内容も変化してきた。くりこま高原自然学校は1990年代から2000年代前半にかけては，「教育」の課題に取り組み「生きる力」を育むための体験の提供，不登校と呼ばれる悩みをかかえた子どもの支援，さらに，ひきこもり・ニートと呼ばれる青少年や成人の自立支援など，教育がかかえる社会課題に取り組んできた。この取り組みは，くりこま高原自然学校がもつ教育，とくに野外教育や冒険教育の手法のほかに，地域のさまざまなポテンシャルがつながることによって実行された。そして，社会の課題を解決する新たに生まれた１つの機能でもあった。不登校・ひきこもり・ニートの支援は，新しい社会問題（教育の課題）は，新しい仕組みで解決するというものだった。この取り組みに至った経緯は，1999年から実施された文部科学省の委嘱事業「子ども長期自然体験村」に始まる。この事業は文部科学省が全国各地に２週間以上（最長は30泊31日）のキャンプを全国で展開するために委嘱した事業であり，くりこま高原自然学校も２週間のキャンプを委嘱され実施した。このキャンプに不登校の子どもをもつ親から相談があり不登校の子どもが参加した。２週間のキャンプに参加することで子どもの悩みが改善するのではないのかという期待があった。これまでの国内の多くのキャンプは，短期に行われる非日常の活動がほとんどであったが，長期のキャンプは日常性の活動も意識し，多彩な体験によって「生きる力」を育み，教育活動の深みと広がりを期待された。

　くりこま高原自然学校は，長期キャンプの成果を得て，不登校児童生徒を長期で受け入れる寄宿制度を2000年に併設し，自然学校がある地域のから名前をとって「耕英寮」という長期寄宿による自然体験・生活体験の場づくりを本格

的に開始した。これまでに自然学校が行ってきた数日や数週間のキャンプではなく数カ月単位の長期の「暮らし」をベースになった教育事業の取り組みである。

　自然学校が取り組むキャンプに代表される自然体験活動は，日常生活から離れた非日常の教育活動である。いっぽう公の学校では，毎日同じ教室の同じ席にすわり決められた時間割に従って繰り返される，いわゆる日常の教育が行われている。耕英寮では，コツコツと積み重ねる学び「ケの教育」と新鮮な感覚で印象的に学ぶ「ハレの教育」の両方の場を展開することになり，これまでの自然学校にはなかった「日常の教育」を考えるようになった。持続的な生活つくりという大きなテーマが加わったことで，さらに教育の課題だけにとどまれない状況に展開していった。日常の暮らしをつくるという体験も取り入れることが，これまでもささやかに行っていた畑の野菜作りや家畜のニワトリやウサギの世話，そして暖房に使っている薪ストーブの燃料を確保するなどを，社会の環境の課題と一次産業の課題として捉え直すことで，食の問題，農業の問題，エネルギーの問題，森林問題へ関心は広がっていったのである。

　のちに，青少年だけではなく職場で起こる課題で悩みをかかえる20〜30代の成人までも自然学校の門をたたくことになり，成人も受け入れることになった。2006年からは，厚生労働省が取り組む若者の就労支援であるニート対策事業「若者自立塾」の委嘱事業に採択され，子どもだけではなく成人がかかえる「社会問題」と向きあうことに

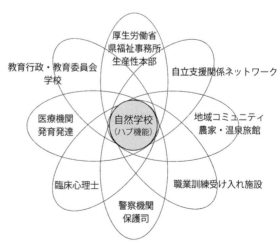

図5.1　自然学校のハブ機能（不登校・引きこもり・ニートの支援）
出所：実践事例をもとに著者作成

なった。

　この事業を実施することで，自然学校だけでは解決ができない課題を知ることになり，地域や関係団体や機関と「つながる」，いや，積極的に「つなげる」という「ハブ機能」を意識するようになった。現在ではキャリア教育であるこの事業において，自然学校を中心に課題を解決するためのかかわりを形成した機関は図5.1のとおりである。

　悩みをかかえた青少年の自立を支援する仕組みとして，自然学校が地域関係者・関係機関と連携して展開した新しい事業のスタイルである。地域の社会関係資本を活かした事例である。

③ 岩手県葛巻町─葛巻町・(一社)葛巻町畜産開発畜産公社

　著者は岩手県遠野市で生まれ，小学3年から高校卒業まで盛岡で育っている。自身は岩手県人というアイデンティティがあり岩手県人を自負している。しかし，盛岡に住んでいた当時に「岩手は日本のチベット」といわれていることを耳にしたことを記憶している。たしかに，東京のように都市化が進んでいない山深く交通の便が悪い農山村が広がり，所得水準も全国でも低いことから，戦後急速に復興し都市化が進む東京に比べて「日本のチベット」と呼ばれたのであろうと推察はできる。ここで，岩手郡葛巻町を取り上げるのは，前述したチベットと呼ばれている岩手県のなかでもさらに山深いところに位置している葛巻町が取り組んできた事例に，まさに「交流人口」そして「関係人口」によって変化してきた過疎地域の発展のあり方をみることができるからである。

　葛巻町に唯一ある高校は，岩手県立葛巻高校である。岩手県も例に漏れず全国的な課題である少子化が進み，学校の統廃合の課題があげられていた。県立高校である葛巻高校は廃校のリストにあげられた。しかし，表5.1に示したとおり，2018年に全国から生徒を募集し廃校を免れている。このきっかけは，著者が鈴木葛巻町長に，群馬県尾瀬高校が全国から生徒を募集した事例を紹介し，葛巻高校も全国から生徒を募集する取り組みができれば存続できると進言したことから始まったと記憶している。

そのことを進言することなるいきさつは，2001年まで遡る。葛巻町では，2001年から「スノーワンダーランド」という冬季の2週間の子どものキャンプを行ってきた。このキャンプは，1996年に中央教育審議会の答申で出された「生きる力」を育むためには自然体験が必要であるという方針で，各地に展開された文部省委嘱事業「長期の子ども自然体験村」に申請をして実施した事業である。

　著者は，葛巻町教育委員会へこの事業をするように提案し葛巻町教育委員会を中心に実行員会を構成して地域の教育資源を生かして体験教育を実施したのである。2001年から毎年1月に2週間に及ぶ冬のキャンプを実施してきた。そして，毎年葛巻町に通うなかで，葛巻高校の廃校になる話題を耳にし，尾瀬高校の事例を伝えたのである。その後，鈴木町長は岩手県の理解を得て，町が寄宿舎を整備することで全国から生徒を受け入れることになって廃校を免れている。さらに全国から生徒が集まることで，隣接する周辺町村への影響も大きく周辺町村からも生徒が来るようになっていると，のちに聞いた。

　このことは，葛巻町が「教育」に価値を見いだし，都市から子どもを呼び教育的意義を，町をあげて追求してきた賜物であるといえる。「スノーワンダーランド」というキャンプが地域に溶けこみ，葛巻町に子どもを預ける交流人口が増し，これをきっかけにキャンプに子どもを預けた家族が，子どもがお世話になった酪農家を訪ねるという関係が年を追うごとに深まり，関係人口が増している。さらに，キャンプに参加した子どもが成人になり葛巻町に仕事を得て移り住むという事例も生まれている。

④ 島根県海士町―島根県立島前高校

　2008年に公の学校が過疎の島を一変させた事例が島根県の隠岐島にある島前高校である。人口減少で島唯一の高校である隠岐島前高校の存続が危ぶまれていた。ある人物が，2006年5月に海士町を訪れたときに行政から島唯一の高校の存続を相談され，その相談に応えるために移住をしたことに始まっている。その人物が岩本悠である。かれは学生時代に海外での開発援助活動に従事したことがきっかけで企業の人材育成にかかわり，その後全国の学校で開発教

育・キャリア教育にかかわっていた。そして島根県教育庁教育指導課連携推進室スタッフ調整監の江角学と出会った岩本は，平成18（2006）年から高校魅力化プロデューサーとして事業をスタートさせている。のちの2020年にスタートした内閣府の「高校生の地域留学の推進のための高校魅力化支援事業」である「地域みらい留学」は，この隠岐島前高校の事例が評価され，参考に展開されたと考えられる。

　具体的に島外から生徒を受け入れるために「隠岐島前教育魅力化構想策定委員会」が会議を重ねて，受け入れる地域のあるべき姿を議論している。その報告書には，都市と地方を考えるうえで興味深い表が掲載さてれている（表5.2）。この表には，都市と地方の特徴を「都会センス（グローバル）」と「いなかセンス（ローカル）として比較する30項について整理されている。これは，島前高校の生徒に，島で生まれ育った生徒は都会から来た生徒に学び，都会から来た生徒は島で生まれ育った生徒から学ぶように，グローバル（都会）とローカル（いなか）に優劣はない。優劣どころか，境界すらないことを理解するためのものである。表では，便宜的に「都会センス」「いなかセンス」と呼ぶが，都会に「情」がないわけではないし，いなかに「論理思考」がなくてよいというわけではない。この表は，そのつど自分たちのアイデアや進め方に「偏りがないか」を確認するために用いるもので，グローバルとローカルを二項対立で捉えるのではなく，その間を絶えず揺れながら往来し，それがつながり合う「二項循環」に向かっていくためのヒントで，まさに都市と地域の交流の重要な視点である。

　以上の4つの事例は，いずれも過疎地域がかかえる課題を「教育の資源」としてそこにある自然資源や文化資源を生かしたもので，教育環境を積極的に創造し，「教育」を通じて「交流人口」や「関係人口」を産み地域を変えてきた事例である。

　そして，2020年には内閣府が進める地方創生事業の中に「教育」を使った地方の取り組みとして，「地域みらい留学」[5]という名で，高校生の地域留学が進められている。

表5.2　グローバルとローカル（グローカル）を往来する際のヒント

都会センス（グローバル）		いなかセンス（ローカル）	
量	Quantity	質	Quality
効率性	Efficient	効果性	Effective
短期的	Short term	長期的	Long term
結果	Result	過程	Process
数値・利益	Number/Profit	目的・価値	Mission/Value
拡大拡張	Expanding Outspread	循環螺旋	Circulation Spiral
知	IQ/Logic	情	EQ/Feeling
論理思考	Logical thinking	つながり思考	System thinking
分析	Analyze/Anatomize/Segment	統合	Unify/Integrate/Synthesize
中身・内容	Content	背景・文脈	Context
単発・イベント	Single/Dot	物語・流れ	Story/Flow
非連続	Discontinuity	連続性・一貫性	Consistency
概念・理想・理論重視	Ideal/Dream/Theory	現地・現物・現場重視	Real/Truth/Field
見た目	Outer/Looks	本質	Inner/Guts
個人	Individual/Charism	チーム	Team/Organization/Community
新規・流行	New/Fashion	伝統・不易	Heritage/Universality
空を飛ぶ・高く伸びる	Jump High/Fly	地に足を・深く根を	Dive Deep/Root
個別最適	Partial optimization	全体最適	Total optimization
勝ち負け	Win-Lose	互恵・三方よし	Win-Win
どちらか	Either/A or B	どちらも	Both/A and B
競争	Mach/Beat	共創	Synergy/Emergence
敵対	Competition	協働	Cooperation/Collaboration
支配・上下	Control/Heteronomy	協奏・調和	Self-organizing/Harmony
早い・安い・便利	Fast/Cheap/Convenience	安心・安全・健康	Slow/Safe/Healthy
機械的・工業的	Mechanic/Industry	有機的・生命的	Organic/Biology
占有・独り占め	Possession	共有・お裾分け	Share
資本経済・物の豊かさ	Economy	自然環境・人の豊かさ	Ecology/GNH
やり方	Ding/How to	あり方	Bing/Who is
革新・新化・今までにないものを創る	Innovation & Creation	改善・深化・今あるものを活かす	Renovation & Evolution
古きを壊し，新しさを造る	Scrap & Build	古きを温め，新しきにつなぐ（温故知新）	Reflection & Revitalization

出所：第3期隠岐島前教育魅力化構想策定委員会（2019）「意思ある未来のつくりかた　第3期島前教育魅力化構想」隠岐島前高等学校の魅力化と永遠の発展の会，40頁

3　社会関係資本&交流人口・関係人口を産み地域を創るアントレプレナー

　どこで聞いた話か記憶は定かではないが，地域創造には「風土」という漢字にたとえている話がある。地域がもつ風土は「種を運ぶ風」と「種を受け入れ育む土」の両方があって成立するといい，地域づくりの人材にたとえて「風の人」「風から土に向かう人」「土の人」「土から風へ向かう人」がいるという。

　著者は，栗駒に「風の人」としてきて，これまでの地域にはない新しい情報，いわゆる種を運んできた。そして，地域には長年地域で生きている「土の人」でがいる。よそ者の「風の人」を，「土の人」が受け入れるかどうか不確実であり，ときには理解されないこともある。

　新しい取り組みを始めるときは，風と土の融合が必要になる。前述した4つの事例は，融合した事例といえる。

　「風の人」は，次第に土に馴染み，"土"化していく，年月が経つと地域の「土の人」になる。風を受けた土の人は，今度はほかの風も気になり，"風"化して行き，さらに地域に新しい種を求める循環が始まる。このように「風の人」が「土の人」に移行するプロセスに「交流人口」「関係人口」を産むヒントがある。

　この章のタイトルにある関係人口と地域づくりは，このような人の意識の循環が地域づくりに必要であり，新たなことを起こす，初めてのことを起こす人の存在が重要になる。各地で展開されている「教育」で地域を興すという「地域みらい留学」などを実施している地域は，いずれにしても，新しい取り組みの"種"が"土"に受け入れられて，根を張り，芽を出し，花を咲かせて実を結ぶという仕組みづくりに取り組んでいるであろう。今回紹介をした事例には，いずれもアントレプレナー[6]と呼ばれる存在があり，その役割が重要であることがわかる。そして，かれらは，地域のステークホルダーをつなげるハブの機能を持っている。それは，地域にある「社会関係資本」を活かす役割である。

　土を耕すことで，そこに風が入る。そして種が落ちてこそ根を張ることがで

きる。そして，花を咲かせ実を結ぶ。

注
1 ）著者が1996年に開校した，民間の野外教育・環境教育事業所（〒989-5371宮城県栗原市栗駒沼倉耕英中57-1　http://kurikomans.com/）。
2 ）くりこま高原自然学校がある栗原市栗駒の耕英地区の地名を取って「耕英寮」とした。
3 ）育てる会：1968年創立。自然・生活体験活動を通じて，青少年の自立やこれからの教育環境のあり方を考えるとともに，教育環境を核とした都市と農山漁村交流活動を全国に展開する青少年団体（育てる会ウェブサイトから抜粋）。
4 ）辻英之（2017）「ESD の地域創生力―時速可能な社会づくり・人づくり 9 つの実践」，合同出版，130-148頁。
5 ）地域みらい留学：「地域みらい留学365」は，内閣府の「高校生の地域留学の推進のための高校魅力化支援事業」として，2020年度にスタートした（https://c-mirai.jp/）。
6 ）一般的には「ゼロから会社や事業を創り出す人」（起業家）のことをさす。ここから派生した言葉である「アントレプレナーシップ」は「起業家精神」，つまり自分でゼロから事業を起こそうとする精神を意味する。

参考文献
佐々木豊志（2016）「環境社会の変化と自然学校の役割自然学校に期待される 3 つの基軸―くりこま高原自然学校の実践を踏まえて」みくに出版
辻英之（2017）「ESD の地域創生力―時速可能な社会づくり・人づくり 9 つの実践」合同出版

第6章
移住者と地域づくり

　本章では移住者と地域づくりの関係について考えてみたい。とくに本章が焦点を当てるのは，地方創生における関係人口の意義を考えるうえで，移住者が果たす役割である。ところで，移住者は関係人口といえるのだろうか。結論を先取りすれば，移住者は関係人口とはいえない。関係人口とは「特定の地域に継続的に関心を持ち，関わるよそ者」（田中 2021, 77頁）のことであり，移住者はすでに地域に定住している定住人口として考えるのが正しい。それではなぜ，地方創生における関係人口の意義を考えるうえで，移住者に着目する必要があるのだろうか。それは，移住者が関係人口を創出するための「ハブ」の役割を果たしているためである。

　本章は，筆者のこれまでの研究調査における試行錯誤の経験から，関係人口を創出するための「ハブ」としての移住者の役割を論じたものである。本章の特徴は，移住者研究を専門とする筆者のこれまでの経験をもとに論考を進めていく点にある。このような個人的な経験をもとにした論考は，あまり学術的ではないという批判を受けるかもしれない。しかし，研究者としては駆け出しの若い筆者の経験だからこそ，この文章を読む方々（とくにこれから地方創生に関する研究を進めたいという学生の皆さんや，地方創生の実践分野で活躍される皆さん）に対して何か示唆するものがあるのではないかという思いから，あえてこのような構成をとった。そのため，この文章は必ずしも学術的文章の体裁をとっていないことを冒頭で述べておきたい。さっそく横道にそれて恐縮だが，第1節ではまず，筆者が移住者に関する研究を手がけるに至った経緯を記しておきたい。

1　移住者研究との出会い

（1）地方創生を考えるために

　筆者はもともと移住者や関係人口に関心をもっていたわけではない。どちらかといえば，地方創生というワードに関心をもっていた時期が長い。それではなぜ，移住者研究をはじめるに至ったのか。この問題からまずは考えてみたい。

　筆者は1990年代前半に東北地方のとある地方都市で生まれた。筆者が1歳から育った街は，田んぼ，山，川に囲まれたのどかな小都市であったが，いわゆる「地方の衰退」を身近に感じることはほとんどなかった。幹線道路沿いには工業団地が展開し，その周辺には若いファミリー世帯向けのミニ開発住宅地が造成されていた。筆者の実家があるのもこうしたミニ開発住宅地であるが，そこに暮らすのは主に地元出身の子弟とその家族であり，地域の祭りや町内会活動への参加も意欲的であった。すぐ近くには大型スーパーマーケットやコンビニエンスストアがあり，車で20～30分も走れば，ショッピングモールや東京資本の商業施設も立地しているため，買い物に困った記憶もない。このような環境下で育ったことから，当時からテレビや雑誌をにぎわしていた「地方の衰退」や「地域活性化」というワードにも，なんとなく実態との乖離を覚えていたことを記憶している。

　こうした地域で育った筆者だからこそ，「何のための，誰のための地方創生なのか」という思いは強い。こうした疑問をもつようになったのは，高校生から大学生にかけてのころである。地方圏出身者の間ではよくある話かもしれないが，筆者は小さいころから，両親や祖父母から「将来の就職先は公務員か教員」で「地域に貢献する」ことが正しいのだという思いを刷り込まれてきた。たしかに，地域に密着して，地域のために働くことは尊敬に値することである。しかし，筆者のなかには，"なんのために地域で働くのか，なんのための，誰のための地域なのか"ということをもっとよく考えてみたいという思いが芽生えつつあった。そのためには，まずは「地域」そのものをよく勉強する

ことが大切だと考えた。

（2）地域調査実習での経験

　筆者は大学では文学部に進学して歴史学を専攻したが，やはり頭のなかには
"なんのための，誰のための地方創生なのか" という問いが引っかかっていた
こともあり，大学院では専攻を変更して，「地域」のことを専門的に学べる地
理学の研究室へと進学した。大学院進学後は地方創生に関する研究を進めよう
と考えていたが，なかなか研究テーマが決まらずに悶々としながら論文に向き
合う日々が続いた。ちょうどそのころ，関係人口を扱った入門書である田中
(2017) が刊行され話題になっていた。この本を含めた文献レビューをゼミで
行ったこともあるが，ワードの目新しさに引っ張られただけの筆者のレビュー
は，その体裁をなしてなく，案の定ゼミでは叩かれた。先輩からの「もっと違
う研究をしたほうがいいんじゃないの？」というアドバイスは，胸にこたえ
た。「移動する人々」に焦点を当てた研究を行おうと考えはじめたのはこのこ
ろである。

　そんななかで，筆者が移住者研究を始めることになったのは，修士 1 年の秋
に行われた地域調査実習の経験からである。筆者が所属していた大学院では，
毎年春と秋の 2 回，それぞれ 1 週間の地域調査実習がカリキュラムに組み込ま
れていた。この実習は，教員が設定したフィールドで，院生が主体となって研
究テーマを設定し，研究計画，調査，研究分析，論文執筆までを自身で手がけ
るというものであった。春の調査では先輩の後ろにくっついていた筆者も，秋
の調査に向けては，自身で研究計画を立てることが命じられた。調査予定の地
域の基礎情報や統計をインターネットや文献で調べながら，さて，どうしたも
のかと考えを巡らせた。情報を収集してみると，どうやらこの地域では，近
年，地方創生の取り組みのなかで移住者が増えているらしい。では，この地域
で移住者が増える要因とはなんだろうか。そもそも移住してくる人々はどんな
動機や経緯をもっているのか。なぜ行政は移住者支援に取り組むのか。筆者の
頭のなかには「問い」が次々と思い浮かんできた。今思えば稚拙な問いが多

かったと反省しているが，これらの問いが筆者の移住者研究のきっかけとなった。

2 移住者がつなぐ関係人口

　筆者が"なんのための，誰のための地方創生なのか"という問いに答えるためには，地域を舞台とした研究の実践を積み重ねることが必要であった。そうしたなかで巡り合ったのが，移住者研究であったといえる。その意味で，筆者にとって移住者研究とは，地方創生の本質を考えるためのツールとなっている。

　筆者の移住者研究は依然として道半ばであるが，本節では，筆者が移住者に関する研究調査に取り組んだ実際の内容を紹介してみたい。そして，そこで筆者が経験した移住者と関係人口のつながりの実際をみていきたい。

（1）地域コミュニティが関係人口をつなぐ―長野県伊那市での調査から―

　本節ではまず，前述の地域調査実習で出会った長野県伊那市における移住者たちの取り組みを紹介したい（鈴木ほか 2019）。ここで筆者らが注目したのは，地方創生の取り組みによって地方移住が推進されてきたが，なぜ特定の自治体で移住者が増加するのかという問題である。筆者らは調査を進めていくなかで，行政による取り組みに加えて，地区ごとに存在する地域コミュニティによる移住促進活動がその鍵を握っていることを認識した。

　たとえばA地区では，地区にある保育園の園児数が定員の半数を割ったことを契機に，保育園の存続に向けた「未来を考える会」が発足した。この会では，保育園に入園する園児の確保に向けて，移住者向けの空き家の確保，移住対策に関する意見交換，移住セミナーの開催などを独自に行っている。

　またB地区では，地区にある保育園と小学校の廃校計画を契機に「考える会」が発足し，保育園や小学校の存続に向けた取り組みが始まるなかで，移住者受け入れの取り組みも開始された。この「考える会」が「定住促進協議会」

へと発展し，移住者の受け入れと積極的な交流に向けた取り組みが行われるようになった。「定住促進協議会」は4つの部会（総務部会，子育て応援部会，田舎暮らしサポート部会，住まい整備部会）に分かれて活動している。総務部会は，ウェブサイトやブログを通じた情報発信や，移住定住への相談への対応など定住促進に向けた取り組みを行っている。子育て応援部会は，保育園や小学校に対して行事の後援などサポート役を担っている。田舎暮らしサポート部会は，生活に関する疑問や不安の解消のために移住希望者の対応を行っている。住まい整備部会は，地区内の土地や物件に関する斡旋を行っている。

　C地区では，地域住民間の親睦を深めるための交流を目的とした任意団体が派生して移住政策活動を行うようになった。その中心となっているのが「未来プロジェクト」である。このプロジェクトでは，伊那市への移住検討者に対するC地区のPRや物件の紹介，生活を支援する制度や日常生活に関する情報を発信するほか，農園の経営などを行っている。また，行政と協働して公営住宅を利活用した移住政策の施行や，地区内の団地居住者との積極的な交流によって，C地区への定住を促す活動を行っている。

　A地区，B地区，C地区でみられるこうした取り組みは，地区への関係人口や移住者を増やし，地域の存続をめざそうとするものとして位置づけられる。筆者らの調査によれば，これらの取り組みのなかでは，もともとの地域住民のみならず，地域へと移住してきた移住者による活動が行われていることも少なくない。その意味で，これらの取り組みは移住者による関係人口の創出と位置づけることができる。

（2）SNSで移住者と関係人口をつなぐ─長野県軽井沢町での調査から─

　つぎに，修士論文の調査で出会った長野県軽井沢町の移住者の事例を紹介したい（鈴木 2023）。当初，筆者が注目していたのは，良好な環境を志向して移住する人々のライフスタイルであった。軽井沢町は日本有数の避暑地・別荘地であるにもかかわらず，近年では移住者が増加しており，そのなかには新幹線通勤やテレワークを組み合わせながら，仕事や家庭のストレスを解消しようと

するライフスタイルをもつ人々が一定数存在している。こうした現状をどう説明できるかということが，修士論文の問題意識であった。ところが，軽井沢町での調査を進めるなかで筆者が最も関心を惹かれたのは，そういったライフスタイルを SNS やブログで発信する人々の存在であった。

　新幹線通勤やテレワークに関する情報をブログや SNS 上で発信していた移住者の 1 人に，B さんがいる。B さんは東京都出身で，2018年の調査当時は都内の IT 系企業に勤務しており，平日に新幹線で東京のオフィスに出勤し，月数回は自宅でテレワークを行う生活を続けていた。B さんは自身の SNS とブログで軽井沢町への移住に関する情報を発信していることでも有名であり，インターネット上での知名度が高いインフルエンサーであった。筆者の調査のなかでも，軽井沢町への移住を希望する人々が B さんの SNS やブログをチェックして情報収集が行われる事例が散見される一方，B さんを中心としたオフ会で移住に関する情報交換が行われることもあった。B さんの活動はまさしく軽井沢町とそこへの移住を希望する関係人口をつなぐ役割を果たしているといえよう。B さんはその後，YouTube にも進出して，現在では軽井沢町の情報を動画で発信するようになっていることから，今後ますます関係人口をつなぐ役割を担っていくものと考えられる。

　また，B さんと同様に SNS とブログでの発信を行っていた C さんの事例も興味深い。C さんは東京都出身で，2018年当時は B さんと同様に都内の IT 系企業に勤務しており，月数回のテレワークを行う状況であった。近年，軽井沢町では私立小中学校の開校などを背景として子育てを行う現役世代の移住が相次いでおり，C さんもその 1 人であった。C さんは東京在住時に待機児童問題を経験したことが契機となり，軽井沢町に隣接する御代田町への移住を決意した。そのことから，軽井沢地区の子育て環境や自身の子育ての発信に特化した情報発信を行っている。C さんの SNS やブログは B さんの SNS やブログほどの知名度はないが，B さんの事例をふまえれば，ある特定の層に特化した情報発信を行うことによって，それに伴う関係人口の創出に寄与する可能性がある点で今後の展開が期待される。

筆者は修士論文の調査とは別に，SNS上のプロフィール情報を参考に，どの地域にどのくらいの移住に関する情報が流通しているかを分析したことがある（鈴木 2022）。その結果によれば，最も多い沖縄県那覇市（342件），石垣市（306件），宮古島市（237件）に次いで，軽井沢町（180件）に関する移住情報の流通が多いことが判明した。分析の精緻化や解釈に課題は残るものの，この結果からは，軽井沢町に関するSNS上の移住情報の流通量が，ほかの市町村に比べて比較的多いことが指摘できる。軽井沢町では，Bさんをはじめとしたインフルエンサーの情報発信が，SNSを通じたさらなる関係人口の拡大に影響している可能性が示唆される。

（3）ワインで関係人口をつなぐ—長野県東御市での調査から—

　最後に，長野県東御市のワイナリーの事例を紹介したい（鈴木ほか 2021）。ここで筆者が注目したのは，地方創生の取り組みによって設立された醸造規模の小さい小規模ワイナリーである。これらのワイナリーの経営者は全員が移住者であり，ワイン造りを志して東御市へとやってきたという共通点がある。当初，この研究の問題意識は，小規模ワイナリーがどのように経営を維持しているのかというものであった。しかし，筆者は調査を進めていくなかで，こうした移住者によるワイナリー経営の取り組みのなかには，関係人口の創出に寄与するものが数多く存在するという思いを強めていった。

　まず，小規模ワイナリーが多数開業することによって，観光客の流動が発生する点である。こうした観光客は，関係人口の際たる例である。東御市には2020年現在，11のワイナリーが存在しており，そのうち7つのワイナリーで観光対応を行っている。筆者らの調査時には，観光客がショップやカフェを散策する様子が観察できた。さらに，ワイナリーの駐車場では他県ナンバーの自動車が多く見受けられたことから，こうした観光客は主に長野県外から来訪していると考えられる。

　つぎに，ワイナリーおよびワインをシティプロモーションに活用できる点である。たとえば，東御市ではふるさと納税の返礼品として，東御市産のワイン

を取り扱っている。ここでは，普段は量販店やショップなどには卸されないワインが返礼品として選択できる。筆者らが行ったワイナリーへの聞き取り調査でも，東御市産ワインの主な消費者は東京圏のワイン愛好家であった。そうした人々がワインを返礼品として選択することで，地域の関係人口がますます拡大していると考えられる。

さらに，収穫ボランティアの取り組みも重要である。たとえばDワイナリーでは，インターネットやSNSを用いて全国各地から収穫ボランティアを集めている。こうした収穫ボランティアもまた，関係人口と位置づけられよう。筆者らが行ったボランティアへのアンケート調査では，居住地は東京・神奈川・千葉・埼玉の1都3県，年齢は30〜40代が多いことがわかった。こうしたボランティアのなかには知り合いの紹介によって収穫に参加する者もいる。また，ボランティアの多くは日帰りか1泊2日の日程で参加しており，近隣の市町村での観光を兼ねて訪れている例もある。収穫ボランティアは「魅力的なワイナリーがある」ことや「ワイナリーが多数ある」ことを東御市の魅力と捉えているが，（ワインの）「値段が高い」ことや，「宿泊施設が少ない」こと，「交通不便」であることを問題点としてあげていた。こうした点は，今後の関係人口の継続的な創出にあたり課題となる可能性があるものの，都市と農村の間に関係人口を生み出すための重要な取り組みの1つになっているといえよう。

3　関係人口を創出する「ハブ」としての移住者

本章では，地方創生における関係人口の意義を考えるうえで，移住者が果たす役割に着目しながら，移住者と地域づくりの関係を筆者の研究調査の経験に基づいて検討してきた。筆者は地方創生を考えるためのツールとして移住者研究を行ってきたことを述べた。前節において具体的に示されたそれらの研究調査の経験からは，一体何がわかったのだろうか。

重要な点としては，移住者が関係人口を創出する「ハブ」となっていることである。伊那市の事例では，地元住民による取り組みに移住者が参画する形

で，移住定住促進の取り組みがなされていた。軽井沢町の事例では，SNS やブログを通した移住希望者という関係人口の創出がみられた。東御市の事例では，移住者が経営するワイナリーが，多様な側面において関係人口を創出していることが示された。これらの事例すべてにおいて，移住者が「ハブ」となって関係人口を創出していることが指摘できる。すなわち，地方創生における関係人口の創出にあたっては，移住者の存在が役割を果たしているといえよう。

　移住者が「ハブ」となる関係人口の創出には，具体的にどのような意義があるのか。それは，「移住者の視点」をふまえた取り組みが可能になる点であろう。伊那市の事例でみたように，地域コミュニティによる移住定住促進活動に移住者が参加することは，新たに地域と関係を取り結ぼうとする人々に対して，移住者としての目線からのアドバイスや指摘が可能となり，結果的に移住定住の促進につながる可能性がある。軽井沢町の事例でも同様に，移住を経験した者からの視点を有する情報は，移住希望者が実際に移住しようとする動きを強める可能性をもつ。東御市の事例の場合，ワイナリーの商品企画などの場面において，都市生活者としての視点が役立つことがあろう。このように，移住者としての経験をふまえた「移住者の視点」が，関係人口の創出にあたり有効に機能することが考えられる。

　それでは，こうした「移住者の視点」を活用した関係人口の創出は，いったい"なんのための，誰のための地方創生なのか"。それを，地域の存続を願う人々による取り組みであるとまとめ上げてしまうのは乱暴であろう。本章の事例からも，そこで発生している現象は複雑であることがみてとれる。地方創生の現場で活動する人々に求められるのは，関係人口の創出を目標とした取り組みを考えること以上に，今，そこで起きている現象や実態を詳細に捉える視点ではなかろうかと筆者は考える。まずはしっかりと「地域」を見つめることによって，地方創生や関係人口の本質がみえてくるはずである。

参考文献

鈴木修斗・岡田浩平・万毅・綾田泰之・佐藤壮太（2019）「伊那市における農山村移住の進展要因」『地域研究年報』41，121-140頁

鈴木修斗・賀璋・封雪寒・白亜軻・章青韵（2021）「長野県東御市における小規模ワイン産業の経営戦略と存立構造」『地域研究年報』43，231-255頁

鈴木修斗（2022）「SNSデータからみた『移住』の表象とその特徴―現代日本における「移住」概念の整理にむけて」『2022年日本地理学会春季学術大会発表要旨集』

——（2023）「軽井沢町およびその周辺の新興別荘地区における現役世代のアメニティ移住」『地理学評論』96(1)，1-32頁

田中輝美（2017）『関係人口をつくる―定住でも交流でもないローカルイノベーション』木楽社

——（2021）『関係人口の社会学―人口減少時代の地域再生』大阪大学出版会

第 7 章
環境保全でつながる

つながるヒント

1 日本の自然環境の現状

　環境保全と関係人口のつながりについて話をする前に，現在日本の自然環境
の現状について，生物の視点から紹介したい。

　近年，さまざまな水産物の漁獲量が激減しているというニュースを頻繁に見
かけるようになった。クロマグロやウナギなどの高級魚だけではなく，かつて
は，安くておいしく食べられる存在として知られていたアサリやシロサケ，サ
ンマなども，今では高級水産物として扱われるようになってきている。

　このような資源量の減少は，私たち人間にとって有用な生物に限ったことで
はなく，普段はあまり利用することのないそのほかの野生生物においても同様
であり，一部の種を除き，軒並み減少傾向にある。たとえば，環境省や各都道
府県などの行政が発行しているレッドリスト（絶滅のおそれのある野生生物の種
について，その絶滅の危惧のランクごとにまとめたリスト：RL）においては，改
訂されるたびに掲載種数が増加したり，各種のランクが上昇したりしている。
トノサマガエルやメダカ（ミナミメダカ・キタノメダカ），ドジョウやタニシ（マ
ルタニシ）など，民話や童謡でもしばしば取り上げられ，かつては農村地域に

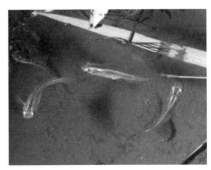

写真7.1　トノサマガエル：左・メダカ（ミナミメダカ）：右　かつてはきわめてふつうにみられた
　が，近年は珍しい存在となった

ごく普通にみられた生き物たち（写真7.1）が，現在では環境省や各地方自治体によって発行されているRLに掲載されていることは，日本の自然環境の悪化の象徴ともいえよう。

　野生生物の減少は，当然のことながら，各種の好適な生息環境そのものが失われたり，質が悪化したりすることに起因する。その減少要因については，生物多様性国家戦略（生物多様性条約および生物多様性基本法に基づいて定められた，生物多様性の保全と持続可能な利用に関する国の基本的な計画のこと）においても明示されている。なお日本では，1995年に最初の生物多様性国家戦略が策定されて以降，数度の見直しを経ており，現行の生物多様性国家戦略は2023年に策定された第六次戦略「生物多様性国家戦略2023-2030」である[1)]。これによれば，生物多様性が直面する危機として「第1の危機（開発など人間活動による危機）」「第2の危機（自然に対する働きかけの縮小による危機）」「第3の危機（人間により持ち込まれたものによる危機）」「第4の危機（地球環境の変化による危機）」の4つが知られている。

　「環境の消失や質の悪化」においては，かつては「第1の危機（開発など人間活動による危機）」が大きな要因として知られていた。とくに，のちに高度経済成長期と呼ばれる1950年度後半から1970年代にかけて，国内では製造業の拡大に伴い主に臨海部や内陸部において工業地帯が造成されるとともに，沿岸部では広範囲の埋め立てが進められた。また，人口の増加に伴い，宅地面積が急激に増加し，都市的な土地利用の面積が拡大した。人間活動の視点からは経済的な価値がないと判断された自然環境が，工場地帯の造成や埋め立て，宅地開発によって大規模に消失していったのである。もちろん，私たち人間が経済的に豊かで便利な生活を送るためには「開発」はやむを得ない。ただし，この「開発」が進めば，野生生物が減少することもまた確かなことである。現在では，生物多様性の価値が少しずつではあるが認知されてきていること，また日本の人口が減少していることもあり，高度経済成長期のような大規模な開発は多くはなくなってきているものの，人間活動に伴う新たな開発は今も各地で進んでいる。ちなみに最近は，「環境にやさしい」とのうたい文句のもと，大規模太

陽光発電システムであるメガソーラー（写真7.2）を取り付ける事例が急激に増えてきている。このメガソーラーは，化石燃料を使わず，二酸化炭素（CO_2）の排出がないことから脱炭素化社会のために有効ではあり，その点だけ見れば「環境にやさしい」といえ

写真7.2　メガソーラーパネル（神田雅治氏撮影）

るかもしれない。しかし，広大な森林を伐採したり，休耕田を利用したりしてメガソーラーを設置することで，野生生物の生息環境を破壊する事例も顕在化している。

　このほか「第3の危機（人間により持ち込まれたものによる危機）」としては，外来生物の侵入や化学物質による汚染など，人間活動によって直接的・間接的にもたらされた危機がある。さらに「第4の危機（地球環境の変化による危機）」として地球温暖化や降水量の変化などの気候変動，海洋の酸性化など地球環境の変化による危機があげられる。これら第3・4の危機は，第1の危機と合わせて一般にも比較的認知されている要因といえる。

　いっぽう，これらと比較し一般にはあまり認知されていない要因として，「第2の危機（自然に対する働きかけの縮小による危機）」があげられる。この要因は近年，野生生物の減少要因としてとくに大きな問題となっている。

2　自然に対する働きかけの縮小による危機

　これは，第1の危機である「開発など人間活動による危機」とは逆に，自然に対する人間の働きかけが縮小・撤退することで生じる影響による。意外に思われる人も多いかもしれないが，言い方を変えれば，人の手が加わることで生

き物にとって良好な環境が維持され，種数や個体数が増している事例があるということである。この危機が一般にあまり認知されていない理由としては，「手つかずの自然」こそ生物多様性に富んだ環境であり，最も優先して保全すべき環境であるという先入観が多くの人々にあることがあげられよう。もちろん，「手つかずの自然」として知られる知床や白神山地などがきわめて貴重な自然環境であることは間違いないが，そのような場所は，近年は厳重な保護規制がかけられていることが多く，環境の維持は法的には担保されていることが多い。いっぽう，人間が手を加えることで維持されている自然環境（「二次的自然」という）は多くが私有地であり，その限りではない。

　里地里山の二次草原（人間が手を加えることで維持されている草原のこと）は，かつては茅葺屋根や炭俵・燃料といった生活の道具のほか，堆肥や牛馬の飼料といった農業生産に必要な資源の供給源となり，日常生活や経済活動に必要な環境として維持されてきた。また，この二次草原は，かく乱環境に依存するオキナグサやキスミレなどの草本類，オオウラギンヒョウモンやアカハネバッタなどの昆虫類をはじめとする動植物に生息環境を提供してきた。なお日本においては，温暖で湿潤な気候特性から，人間が手を加えない場合には遷移（ある地域の植物群落が，時間の経過とともに代わっていくこと）の進行によって草原は森林になってしまうため，草原の維持には放牧や火入れ，草刈りといった人間の手による遷移のかく乱が必要である。しかし近年では，産業構造や資源利用の変化と，人口減少や高齢化による地域の活力の低下により，放棄された草地が森林へと進行し，およそ100年前までは国土の10％ほどの面積があった草地は，現在では１％程度にまで減少している（Yamaura et al. 2019）。当然のことながら，草原依存の多くの生物は各地で絶滅，もしくは危惧種に指定されるようになった。

　放棄された二次的自然は草地に限らず，水田やその周辺の水路やため池，薪炭林等の里山林など多岐にわたり里地里山の多様な環境のモザイク性の消失が懸念されている。とくに水田およびその周辺の水辺環境は，もともと湿地環境であった場所を人間が手を加えることで改変した場所であることが多く，本

来，湿地環境に生息していた生物たちは代替の場として水田を生活の場として利用していることが多い。したがって，単に私たちアジア人の主食である米の生産の場という以外に，水田は止水性の水生生物の生息環境としてきわめて重要であり，近年では，生物多様性の視点からもその価値が見直されている。先に減少傾向にあると紹介したトノサマガエルやメダカ，ドジョウやタニシはいずれも水田もしくはその周辺でよく見られる水生生物であり，このほかにも多くのカエル類やイモリなどの両生類，ゲンゴロウやタガメといった水生昆虫，いわゆる水田雑草として扱われている水草類など，きわめて多くの止水性の水生生物の主要な生息の場となっていた。しかし，国内の水田面積は1969年に最も広く344.1万 ha あったものの，2021年には236.6万 ha と約3分の2まで減少している[2]。この要因としては，1970年代からの米の生産過剰を抑えるための減反政策により休耕に奨励金がついたことにもよるが，その後は過疎化や高齢化によるものが大きい。

　また水田のなかでも，中山間地域にある棚田は土地の形状が複雑で年中湿潤な場所ができやすいことや，土でつくられた水路や畦畔（あぜ）が残っていること，周囲に森林があり陸域と水域が連続していることに加え，きれいな水が豊富にあることから，とくに生物多様性に富んでいることが多い。しかし，この棚田は，労力がかかるのに対し生産性が低いことから，平野部の水田と比べて放棄率が高いとされている。

　水田が休耕されると，最初の数年は水生生物の生息環境として機能し，水生生物が一時的に増えることもある。しかし，休耕された水田はいずれ植生の遷移が進行し，荒れた草地と化してしまい，水生生物の生息環境には適さなくなるのである（写真7.3）。

　これら草地や水田などの二次的自然に共通することは，「遷移の進行をかく乱した環境」ということである。かつては，洪水や土砂崩れ，山火事などの自然災害の影響を人間が止めることができずに各地でかく乱が起こっていたが，治水や防災技術の発達などにより，「自然な遷移のかく乱」は起きにくくなっている。つまり，二次的自然に生息する生物の多くは，遷移がかく乱された環

図7.3 水田が休耕されると水辺がなくなる事例（沖縄県） 休耕前（2016年12月11日）：左と休耕後 （2023年10月29日）：右

境，もしくはかく乱された後に遷移が進行する途中段階の環境を好むが，それらが生息するためには，現在は人間の手でかく乱を生じなければいけないのである。かつては，この作業を各地の農家の人々が主に担っていた。もちろん，農家の方々は「野生生物の保全」が目的ではなく，あくまでも副次的な結果によるものであるが，生活の変化や従事者の引継ぎが途絶えることなどによって，草地や湿地環境が遷移により荒廃してしまうことが全国的に起きているのである。

　ちなみに，生物多様性の縮小とは異なる話ではあるが，これら「自然に対する働きかけの縮小」は，多くの生物の生息の場を奪うだけではなく，ニホンジカ，イノシシなど一部の生物にとっては結果的に好ましい環境を創出することとなり，狩猟者の減少・高齢化で狩猟圧が低下することと相まって個体数が著しく増加している。これにより，生態系への影響や農林業被害，人への直接的な危害が発生するなど，近年とくに農山漁村へ深刻な影響を及ぼしている。

　この「自然に対する働きかけの縮小による危機」の一番大きな問題点は，「解決するためには，誰かが手を加え続けないといけない」点にある。「第1の危機（開発など人間活動による危機）」および「第3の危機（人間により持ち込まれたものによる危機）」については，現在これらの影響は甚大であり，解決は困難なものではあるものの，「開発しない」「化学物質を使用しない」「外来生物を侵入させない」こと，すなわち人間活動をやめることがもし可能であれば，

その時点で問題は解決の方向に向かうことができる。また「第4の危機（地球環境の変化による危機）」は地球規模の問題であり，効果的な対策の見通しはむずかしいため，中・長期的なビジョンをもって世界的に取り組んでいく必要があろう。

　いっぽう，「自然に対する働きかけの縮小による危機」に対しては，地域ごとで取り組むことが可能で，またその効果は比較的短期間で表れやすい。しかし，その効果も誰かが半永久的に継続していかなければ維持されないことから，この危機を解決するには，継続のための社会的システムの構築が必要となる。

3　「自然に対する働きかけの縮小による危機」を解決するには

　「自然に対する働きかけの縮小による危機」による生物の絶滅や減少を防ぐには，「そこに人が訪れ，手を加える」ことしか解決できない。ただし，逆にいえば，手を加えれば解決しやすいともいえ，またほかの3つの危機と比べて，私たち人間の行動における費用対効果は大きく，その意味ではやりがいを感じることもできる。筆者が近年，研究室に所属している学生や卒業生，外部の有志の人々とともに実践していることは，休耕田の掘削作業である（写真7.4）。具体的には，土地の地権者や管理者の許可を得たうえで，草地と化した

写真7.4　筆者が学生ともに実践している休耕田での掘削の様子　神奈川県（左）と千葉県（右）での事例。たとえ小規模な掘削でも，水生生物にとっては重要な生息の場となる。

休耕田をクワやシャベルで掘り，水田の湿地環境を創出することにより，湿地に生息する生物の生息環境を維持管理している。絶滅寸前の希少種の生息地を優先して作業することが多く，密漁や採集圧の危険性が高まってしまうために詳細については割愛するが，このような作業によって，放っておけば国内から絶滅していたかもしれない種を絶滅から回避できただけでなく，逆に個体数を大幅に回復させたこともある。また当然のことながら，このような作業は絶滅危惧種のみならず，そこに生息している他の水生生物にも生活の場を提供することになる。

　なお，このような活動の場はほぼ例外なく過疎化地域であり，環境保全のためには外部から人が訪れることが必要となる。ここに「環境保全でつながる関係人口」が生じるのである。

4　「環境保全でつながる」事例—西表島旧稲葉集落における湿地の再生—

　「環境保全でつながる関係人口」の１つの事例として，沖縄県西表島の旧稲葉集落における湿地環境の再生について紹介したい。西表島は，東シナ海上に位置し，石垣島，竹富島，小浜島，黒島などとともに八重山諸島を形成する島の１つで，亜熱帯地域の南限に位置する。この島には，あまりにも有名なイリオモテヤマネコをはじめ，イリオモテミナミヤンマ，ショキタテナガエビなど世界でもこの島にのみ棲んでいる動植物も数多く知られる。島のほとんどを占める亜熱帯林や河口部に発達したマングローブ林，そして島を囲むサンゴ礁は壮観であり，そこにはきわめて多種多様な生物が生息している。

　近年，世界遺産への登録や国立公園の拡充など，この島の自然が改めて評価されるようになった。しかし，国内のほかの地域と同様，もしくはそれ以上に平野部の湿地環境は失われており，それらを生活の場としている生物は減少している。なかには，フナやマルタニシ，大型のゲンゴロウ類など，すでに絶滅したと考えられる種がいくつも知られるようになった。

　このような西表島での陸水域環境の重要性と危機的状況をふまえ，2019（令

和元）年に環境省事業「西表石垣国立公園（西表地区）地域協働による水環境保全・再生手法検討業務」が開始された。翌年度からは公益財団法人であるWWFジャパンがこの業務を受託し、環境省西表自然保護官事務所や西表島在住の人々、いくつかの分類群の生物研究者と協力して、国立公園・世界自然遺産緩衝地帯内にある浦内川流域で、湿地を再生する試みが進められている[3]。

この場所は、1960年代まで集落が存在していた旧稲葉集落の水田跡地である。この稲葉集落には、1960年ごろには約15世帯が居住し、米づくりを中心とする自然と共生した暮らしが営まれていたが、1969年に廃村となって以降、水田は草地化して水面は消失し、かつてみられた水生生物もみられなくなってしまった。今回の事業は、稲葉集落で少年期を過ごし、地権者として事業の実施に協力されている平良彰健氏（浦内川観光）の「かつての生き物豊かな里山の風景を取り戻したい」という強い思いから始まったものである。事業の実施にあたり、西表島の水生生物に詳しい有識者による生物相調査をふまえ、西表島エコツーリズム協会や浦内川観光の人々のほか、この業務に関心がある有志達が集い水辺を創出している。この旧稲葉集落では、伝統的な島の稲作文化や自然の恵みを活かした自然共生型の当時の暮らしを学ぶ場として、新たなエコツーリズムの観点からの活用も期待されている。今後、修学旅行生たちを対象とした利用も検討しているという。「希少な野生生物の生息地を再生する環境保全」だけでなく、「新たなエコツーリズムによる利活用」という2つの目標

写真7.5　西表島旧稲葉集落の湿地再生における事前打ち合せの様子（左）と作業の様子（右）
環境保全で人がつながり、そこに関係人口が生じる。

を同時にめざすチャレンジが始まっている。

　このように，環境保全においては，地権者やそこを利活用する地元の人々，行政，NGOだけでなく，有識者やその活動に対する有志の人々など，非常に多くの協力があって実践できることが多い（写真7.5）。関係人口の視点でいえば，まさに，「環境保全でつながる」事例といえる。

5　「環境保全でつながる」ことの難しさ

　環境保全におけるつながりを考えたとき，一番の問題としては「誰がいつまで続けるのか」ということがあげられる。「自然に対する働きかけの縮小による危機」を解決するには，「自然に対する働きかけ」を，半永久的に継続する必要がある。これは，手つかずの自然を人の立ち入りの禁止や活動の制限などによって守ることよりも，じつははるかにむずかしい。今後，人口が減少しつづけることが確実である日本においてはきわめて深刻な問題といえる。

　また環境保全は，その技術的な面につい目がいきがちであるが，実施には土地の地権者・管理者，行政，有識者から有志の人々に至るまで，多くの人々の合意形成が必要であり，そちらのほうが重要かつむずかしいことが多い。大まかな方向性や気持ちは同じでも，蓋を開けてみたらみんな違う方向を向いていたということは，環境保全においてはじつはよくあることである。この章のタイトルどおり「環境保全でつながる」には，事前の念密な打合せが肝要である。

注
1）「生物多様性国家戦略2023-2030」　https://www.biodic.go.jp/biodiversity/about/initiatives6/files/1_2023-2030text.pdf
2）「e-stat 政府統計の総合窓口」　https://www.e-stat.go.jp/
3）「西表島・浦内川流域における陸水環境再生の取り組み」　https://www.wwf.or.jp/activities/activity/5412.html

参考文献

Yamaura Y., A. Narita, Y. Kusumoto, A. Nagano, A. Tezuka, T. Okamoto, H.Takahara, F. Nakamura, Y. Isagi and D. Lindenmayer（2019）Genomic reconstruction of 100,000-year grassland history in a forested country: population dynamics of specialist forbs. Biology Letters, https://royalsocietypublishing.org/doi/10.1098/rsbl.2018.0577

謝辞

　これまで私のゼミに所属していた学生には休耕田の掘削作業を手伝っていただくとともに，卒業生の1人神田雅治氏には写真を提供していただいた。また，旧稲葉集落における湿地の再生事業において，地権者の平良彰健氏，環境省西表自然保護官事務所や西表島エコツーリズム協会，島内のツアーガイド，WWFジャパン，大阪ECO動物海洋専門学校をはじめとする関係者の皆様方には本執筆および写真の使用の許可をいただき，とくにWWFジャパンの小田倫子氏にはこの業務にかかわるきっかけをくださった。これらの方々にお礼申し上げる。

つながるヒント

1 　近代繊維産業

　繊維産業は，"植物の繊維部分を利用するもの，動物の毛や皮を利用するもの，植物などから化学物質を介して繊維を構成するもの，石油やプラスチックから繊維をつくり出すもの"から原料となる綿（わた）や糸をつくることから始まる。その糸を使って，織物は経糸（たていと）と緯糸（よこいと）を交差させて生地をつくり上げ，編み物は糸と糸を絡ませて編上げていくことで生地をつくる。素材，工程によってたずさわる人や企業が連携することで1つの製品がつくられていくのが繊維産業である。

　産業革命による事業化の第一歩が，英国繊維産業の勃興といわれている。マンチェスターで生産された綿糸は，リバプールから出港してアフリカへ，アフリカで奴隷労働者を乗せて米国東海岸へ運ばれる。米国では大規模なプランテーションで原料の綿花栽培が奴隷の労働力によって大きく発展していった。悪名高い三角貿易が近代繊維産業の始まりというのはとても悲しい話である。日本では，明治維新以降の殖産興業政策から生糸の生産（絹（きぬ））が全国規模での養蚕と世界トップレベルの技術で知られている。生糸生産も『女工哀史』『ああ野麦峠』といった小説に書かれた悲しい話がついてまわる。

　競争力を品質にシフトせずに，大量生産と価格競争に終始したことがこのような悲劇を生んできた。この流れは今も続いているが，情報伝達手段が発展したことでNGO/NPOやメディアからの告発や市民活動から改善の動きがみられるようになり，労働者の環境が改善され人権が尊重されつつあることは喜ばしいことである。つながる人の幸せを考えられるようになってきたのは20世紀後半から21世紀に起こってきたことなのだ。

　明治維新以前の日本の繊維産業は，いくつかの生産工程を地域内の家内制手工業でつなぐことで成立していた。江戸時代までは麻（あさ）が主原料だったので，畑

で大麻（ヘンプ）や苧麻（ラミー）を栽培，糸車と手で糸を紡ぎ，糸をまとめて一定の長さ・重さで染色（綛染），家のなかで小さな機械で織りあげ（座織，手機），河川で染色したり染料を洗い流したりして生地で出荷していた。そうしてつくられた生地は行商によって各地に運ばれて，市場などで販売されていたようだ。江戸時代は，藩の特産品として幕府への租税品として供出することで地方の藩はその価値を高めることもしていた。麻では，彦根藩による高宮上布（滋賀県）が高品質で上納品とされ，染料の原料としての紅花栽培（山形県）が広く知られていた。

　産業革命による繊維産業の機械化は，政治維新以降の日本にも押し寄せてきた。そのなかでも1891（明治24）年，豊田佐吉による最初の発明品である「豊田式木製人力織機」が特許を取得したころから日本の繊維産業は近代基幹産業として日本中に広がっていった。この発明による日本製の織機は国際的にも大きく評価されて，日本の繊維産業は機械化のリーダーシップをとっていく存在感を示していた。

　第二次世界大戦後の物資不足のなか，"衣食住"の衣の原材料となる糸・生地の不足は深刻で，織物に対する需要はたいそうなものとなり，ガチャンと織機を動かすと1万円が懐に入るという意味の「ガチャ万」という言葉も生み出された。日本の繊維産業は，江戸時代からの分業化が糸をつくる，生地をつくる，染色するというそれぞれの分野で高品質を誇り，高度経済成長期には1ドル360円の固定為替レート下で主要輸出産業となり，各地には地域ごとに綿，ウール，絹人造繊維といった素材別の工業組合と糸・生地・染色・縫製といった工程別の組合が発足していった。

　現在では日本繊維産業連盟の下に，日本紡績協会，日本化学繊維協会，日本羊毛産業協会，日本綿スフ織物工業連合会，日本絹人繊織物工業会，日本染色協会，日本ニット工業組合連合会をはじめとする35の全国団体が加盟し，それぞれの団体には地域ごとの組合が加盟するという大きな団体となっている。なかでも37の地域別組合をもつ日本絹人繊織物工業会と19カ所の地域別組合をもつ日本綿スフ織物工業連合会を合わせると東北から九州までをカバーする全国

表8.1　日本繊維産業連盟の主な加盟団体

【日本繊維産業連盟】	【日本絹人繊織物工業会】
日本紡績協会 日本化学繊維協会 日本羊毛産業協会 日本綿スフ織物工業連合会 日本絹人繊織物工業組合連合会 日本毛織物等工業組合連合会 （一社）日本染色協会 日本毛整理協会 日本ニット工業組合連合会 日本靴下工業組合連合会 日本輸出縫製品工業組合 日本繊維輸出組合 日本織物中央卸商業組合連合会 日本撚糸工業組合連合会 日本麻紡績協会 日本繊維染色連合会 日本タオル工業組合連合会 日本製網工業組合 日本繊維ロープ工業組合 日本繊維輸入組合 （協組）関西ファッション連合 （一社）日本アパレル・ファッション産業協会 （一社）日本インテリア協会 （一社）日本寝具寝装品協会 日本羽毛製品協同組合 全日本婦人子供服工業組合連合会 日本被服工業組合連合会 日本アパレルソーイング工業組合連合会 （一社）日本ボディファッション協会 （一社）日本ユニフォーム協議会 （一社）繊維評価技術協議会 （一社）日本ソーイング技術研究協会	**◆北海道・東北エリア** 米沢織物工業協同組合（米沢織物工業組合） 鶴岡織物工業協同組合（鶴岡絹人繊織物構造改善工業組合） 福島県織物同業会（福島県絹人繊織物構造改善工業組合） **◆関東・甲信越** 足利繊維協同組合 茨城県絹人繊織物工業組合 桐生織物工業組合（桐生織物工業組合） 伊勢崎織物工業組合（伊勢崎織物工業組合） 館林織物連合協同組合 八王子織物工業組合（八王子織物工業組合） 村山織物工業組合（村山織物工業組合） 山梨県絹人繊織物工業組合 富士吉田織物協同組合（山梨県絹人繊織物工業組合） 西桂織物工業協同組合 長野県織物工業組合十日町織物工業協同組合（新潟県織物構造改善工業組合） 塩沢織物工業協同組合 亀田繊維工業協同組合 栃尾織物工業協同組合 五泉織物工業組合 小千谷織物同業協同組合 **◆中部** 城端織物工業協同組合（城端織物工業協同組合） 石川県織物構造改善工業組合 石川県織物工業協同組合（石川県織物構造改善工業組合） 小松織物工業協同組合 加賀市織物協同組合 福井県織物工業組合（福井県織物工業組合） 愛知県絹人繊織物工業組合 尾州絹化繊織物協同組合（愛知県絹人繊織物工業組合） **◆近畿** 滋賀県絹人繊織物工業組合 浜縮緬工業協同組合（滋賀県絹人繊織物工業組合） 西陣織工業組合（西陣織工業組合） 丹後織物工業組合（丹後織物工業組合） **◆九州・沖縄** 博多織工業組合（博多織工業組合） 本場大島紬織物協同組合 鹿児島県絹織物工業組合（鹿児島県絹織物工業組合） 本場奄美大島紬協同組合
【日本綿スフ織物工業連合会】	
■東海 遠州綿スフ織物構造改善工業組合 浜松織物協同組合 天龍社綿スフ織物構造改善工業組合 知多綿スフ織物構造改善工業組合 三州織物工業協同組合 尾州綿スフ織物工業組合 尾北綿スフ織物工業組合 江南綿スフ織物工業組合 **■近畿** 高島綿スフ織物工業組合 奈良県織物工業協同組合 和歌山県綿スフ織物構造改善工業組合 泉州織物工業協同組合 大阪南部織物構造改善工業組合 播州織工業組合 **■中国・四国・九州** 岡山県織物構造改善工業組合 備中織物構造改善工業組合 一般財団法人広島県織物工業会 伊予織物工業組合 九州綿スフ織物構造改善工業組合	

出所：各団体のウェブサイトより抜粋（2023年11月１日閲覧）

規模の組織団体となっている。

このように，繊維産業は日本の各地域で盛んに産業を盛り立ててきた。

2 素材別，工程別，産地別組合活動の課題

　明治，大正，昭和中期まで拡大傾向にあった繊維産業は元号が平成に変わったころから一気に縮小した。その要因としては為替レートが固定制から市場レートに変わったことによる輸出産業としての地位低下，中国および東南アジア諸国の工業力の成長があげられるが，さらにそこにくさびを打ち込んだのが2000年ごろに台頭してきたファストファッションによる価格の低下と考えられている。海外の垂直型生産方式で大量に低価格での製品供給が可能になり，日本の工程ごとの集積型生産方式は価格面と，発注から供給までのスピード対応ができなくなり大きく衰退していった。年々増えていく海外衣類品は2022年には衣類品の輸入品浸透率が98.5％までに達して，国内生産比率1.5％と輸出で

表8.2　衣類の精算と輸出入の推移

年	国内生産量	輸入量	輸出量	国内供給量	輸入浸透率
2012	150,202（▼2.2）	4,006,396（▼1.7）	6,162（▼22.9）	4,150,436	96.5
2013	137,051（▼8.8）	4,148,568（3.5）	5,299（▼14.0）	4,280,320	96.9
2014	120,498（▼12.1）	3,915,337（▼5.6）	5,714（7.8）	4,030,121	97.2
2015	108,765（▼9.7）	3,697,883（▼5.6）	6,408（12.2）	3,800,240	97.3
2016	105,587（▼2.9）	3,759,369（1.7）	6,918（8.0）	3,858,038	97.4
2017	98,487（▼6.7）	3,845,731（2.3）	6,836（▼1.2）	3,937,382	97.7
2018	95,682（▼2.8）	3,979,150（3.5）	8,105（18.6）	4,066,727	97.8
2019	87,418（▼8.6）	3,905,715（▼1.8）	8,808（8.7）	3,984,325	98.0
2020	80,820（▼7.5）	3,499,052（▼10.4）	8,026（▼8.9）	3,571,846	98.0
2021	68,802（▼14.9）	3,576,107（2.2）	8,685（8.2）	3,636,224	98.3
2022	66,906（▼2.8）	3,670,340（2.6）	9,541（9.9）	3,727,705	98.5

単位：千点，（　）内は前年比伸び率％，▼減
注：輸入浸透率＝輸入量÷国内供給量×100／国内供給量＝国内生産量＋輸入量－輸出量／衣類＝外衣
　　＋下着＋補正着，寝具類，乳幼児の合計（生産量は11年から乳幼児を除く）
出所：日本繊維輸入組合「日本のアパレル市場と輸入品概況」

企業経営が成立しているのが実情である。

　とくに原材料を海外に依存する綿，ウールなどの天然繊維のサプライチェーンは海外との競合に巻き込まれて多くの企業が転廃業をしていった。東レ，旭化成といった化学合成繊維原料メーカーは日本国内での製造拠点を維持して高品質・高付加価値原料を生産しつづけているため，北陸を中心とする企業群は生き残っているのが繊維産業の現状である。

　価格競争だけでなく，生産労働者の減少も大きな課題だ。少子化による若年労働者の減少とともに，工場で働くことに意欲をもった人々が激減したことから繊維製造業者のなかには技能実習制度による外国人技能実習生に依存する企業も出てきた。安定的な労働者の確保ができないと技術の継承もままならず，単なる価格競争にさらされている企業もみられるようになってきた。

　日本の繊維産業の大部分が中小企業の集合体でできていることから，将来に向けた設備投資を進めることができないことでも苦境に立たされている部分もみられる。価格競争，労働者の不足，設備投資の不足などの課題は今も大きく業界の存続に立ちはだかっている。

3　産地ブランド "今治タオル"

　2006年に今治タオル工業組合がスタートさせた「今治タオルプロジェクト」は，繊維業界における初の地域ブランド化である。組合内で "今治タオル基準" を策定して品質を見える化して，佐藤可士和氏によるブランディングは単なる工業製品であったタオルを "今治タオル" というブランドに押し上げた。有名ブランドの製品をOEMとして生産してきたタオル製造業界が "今治タオル" の共通ネームを縫い付けることで自社製品を販売することができるようになったことは大きな転換点であった。"今治タオル" は産地ブランドとして各企業がSPAブランド（Specialty store retailer of Private label Apparel＝自社製品の生産小売業）になる上で大きく寄与していった。

　"今治タオル" のブランド化の成功を目にしてほかの産地組合も積極的に産

地ブランドを押し出していったが，うまく成功したという事例はいまだみられていない。尾州ウール（愛知・岐阜県の毛織産地ブランド）や知多木綿（愛知県知多半島産地ブランド）はそこで生産される生地をブランド化して付加価値を訴求していく目的で活動しているが，生地では消費者までの認知が届かず認知度向上には時間がかかりそうである。

4 JAPANデニム（岡山県・広島県）

　他方では，日本のデニム生地は世界的に高い評価を受けている。一般的に岡山県倉敷市児島地区がデニムの産地として知られているが，児島地区は製品の後加工でその名を知られていて，デニム生地は岡山県井原市から福山市の織物工場で織物を生産しています。備中織物構造改善事業組合理事長で井原市商工会議所名誉顧問の川井眞治氏によると，日本のデニム生地は「原料である綿の産地や特徴に合わせて糸の生産を日本の紡績工場に依頼して生地を織り上げて，一度織り上げた生地は何年後に注文がきても同じ品質と生地の表情でブランドに提供できる土壌を育ててきている。価格競争には加わらず，価値あるものを作り続ける」と話していた。デニム生地はトルコ，インド，中国，パキスタンなどの国々でもつくられているが，海外を含めたブランドはそのオリジナリティと再現性で安心感をもって発注を続けているようである。川井氏が営む日本綿布株式会社にはほかの工場と比較すると若い社員が多く，かれらは誇りをもって働いていると話していた。日本綿布は，織布工場・染色工場・事務所・食堂が2007年に近代化産業遺産として経済産業省により登録され，一定の設備投資と機械のメンテナンスでJAPANデニムを代表とする企業になっている。実際海外のブランドに聞くと，「日本のデニム生地を使いたい。日本綿布を紹介して欲しい」と声をかけられたことがある。国をあげた産業政策や大きな設備投資では勝てない日本企業にとっては好例として紹介したい企業である。

　井原市で織物をつくり，近隣の縫製工場で縫い上げられたデニム製品は岡山

県倉敷市児島児島地区にある最終仕上げ工場で製品として各ブランドが要望するデニム製品に仕上げされていく。児島はかつて，瀬戸内海で20余りの島が点在する島の総称であったが，室町時代から時間をかけて灌漑政策を進めて今のような半島になった。島では土地の塩分濃度が高くて米などの食料品栽培がむずかしく，江戸時代に塩分含有地でも栽培可能な綿花栽培が始まり，現在の繊維産業に引き継がれていったという話を地元企業で聞いた。

　周囲の環境や品質を守る技術集団がつくり上げていった JAPAN デニムは，その品質だけでなく背景や独自性によって高評価を得る産地ブランドとして進化していったのだ。

5　東北コットンプロジェクト

　2011年3月11日の東日本大震災による津波被害で，宮城県の沿岸部は一時的に稲作ができなくなった。そこで，前述の岡山県倉敷市児島地区の例をもとに，家や土地，希望を失った現地の人々と日本の繊維関連企業によって東北コットンプロジェクトは始まった。2011年からの数年間は"復興支援"という目的で多くの企業がボランティアとして参加して，そこで収穫される少量の綿

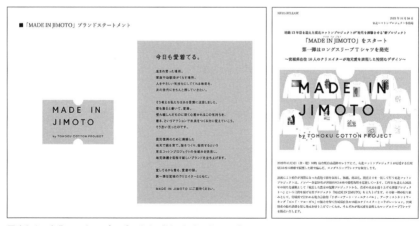

写真8.1　東北コットンプロジェクト "Made In Jimoto"

花は国内で製品にされていた。しかしながら市場とは厳しいもので，ここ数年では栽培された綿花が余ってしまうという悲しい状況になってきた。そこで東北コットンプロジェクトでは，国内アパレル企業の枠組みを超えた連携で地域ブランド化を進める第2フェーズを模索しはじめた。それは "Made In Jimoto" という取り組みで，2023年11月から仙台駅施設でのプロモーションや販売企画に地元の学校やデザイナーが参加しながら地域に根差した，地域のためのブランドを創ろうという計画である。生まれたての取り組みだが，宮城県を中心として東北6県に浸透する参加型プロジェクトになることを期待している。

6 Genova Jeans―海外の事例から

"Jeans" の語源は，イタリアのジェノバからイタリア生地が世界中に輸出されたことから名づけられたそうである。ジェノバ市では2021年にジェノバ市の広報および地域ブランド創りとして "Genova Jeans" に取り組みはじめた。2021年はコロナ禍で十分なイベント実施ができなかったため，2023年10月にジェノバ市をあげてイタリア貿易振興局とともにイベントを開催した。Marco Bucchi 市長が全体の音頭をとる形で，イベント中に何度も現場を訪れていた。

街中に "Genova Jeans" の統一した旗が飾られ，イタリア全土からジーンズブランドが集まって市民や海外からの来場者に商品展示やブランド説明をしてイベントを盛り上げていた（写真8.2）。また，来賓にはイタリア出身で "デニム界のゴッドファーザー" と呼ばれ Diesel AG Jeans を立ち上げた Adriano Goldshmied 氏も参加して，ジーンズの歴史と将来について語った。メイン会場の図書館のほかに美術館や寺院もイベントに参加，地域の商店はイベントに合わせてワークショップを開催するなど，大きな規模のイベントとなっていた（写真8.3）。

まだ2回目，実質1回目のイベントなので多くの課題はあるが，ジェノバ市が市民とともに全市をあげて取り組んでいる姿には共鳴を受けた。

写真8.2　ジェノバ市をあげて開催される"Genova Jeans"

写真8.3　イベント会場での講演や展示の様子

7 繊維産業を地域とつなげる

　繊維産業は，2000年以降に人口に対してその何倍もの製品を生産し供給することで批判されるようになってきた。多くの商品は価格と流行りのデザインで顧客に購買を進める。その背景にある生産者には陽が当たらなかったことは強制労働，児童労働，低賃金労働といった人権を無視した産業になり果ててしまった感がある。同じものを大量につくればコストは下がり低価格で販売可能である。40年前には世界の繊維原料の50％以上が綿であったが，今では石油からつくられるポリエステル原料の製品が全体の60％になっている。ちなみに世界の綿花生産量は40年前に比較すると微増なので，どれほど多くの繊維製品がつくられているのかが想像できるだろう。

　その土地に合った原料を持続可能な形で生産して，その地域の気候に合った商品を提供していくことが大量生産型生産・販売への対抗手段だと考える。その意味では地域の人々が，自分たちで考えて行動して，ものをつくり上げていく市民社会ができることを切に願っている。

　ただ思いつきだけで地域ブランドを創ることは，継続的な産業形成にはならないので簡単にはできない。まずは原材料の背景を知り，製造業を知り，その価値を共有しながらつながっていけば不可能ではないと思われる。

第9章
い草でつながる

1　い草について

　日本におけるい草活用の歴史は古く，弥生時代の遺跡から棺に入った人骨と一緒にい草を編んだ莚（敷物）が発見される事例が多くある。また，畳に関しては，奈良時代に創建された正倉院から天皇が就寝の際に使用していたとされる御床畳が発見されており，これが日本最古の畳と考えられている。このほかにも712年に編纂された『古事記』にはすでに畳の記述が認められる。ここに記載されている畳はその材料が菅や皮，帯であったと考えられ，い草を使用したものではないようだが，いずれにしても日本人はさまざまな素材でつくっ

い草の畳表事業を未来につなぐ

　株式会社イケヒコ・コーポレーションは，福岡県三潴郡で1886（明治19）年に創業名「池上彦太郎商店」の名で，畳表（畳の表面に張るい草で織った敷物）の卸商として始まった。創業の地である福岡県三潴郡は，熊本県との県境にほど近い福岡県の南部の有明海を望む場所に位置し，古代は有明海の干潟であった。そこに入植した人たちが干潟に堀（クリーク）を掘り水路とし，掘った土で干拓してできた土地である。水が豊富にあるこの環境は，い草をはじめとした農産物の栽培を助け，当社もそのい草を生業とした。

　その後，代が変わり三代目になり，畳表の卸だけでは経営が安定しない（畳表の原料であるい草は農産物であり，その売上や利益は作柄や相場に左右されることや，そのことを背景とした投機的な側面も経営の不安につながる）ことからメーカーへの転身を決意し，室内で使用される敷物や布団を中心に業容を広げ，日本全国の量販店に卸すインテリア製品の製造卸となった。

　製造卸になってからも，い草は常に事業の中心に据え，本章で紹介するい草産地である熊本県八代地方にも支店を構え，い草の畳表事業をつないできた。

い草圃場に囲まれる当社社屋

102

た莚を生活に取り入れていた。そのなかでい草が今日まで残ってきた背景には，い草がもつさまざまな機能性がある思われる。

日本は国土のほとんどが温暖湿潤気候に属し，梅雨や台風通過などの要因となり相対的に雨が多く湿度が高い気候である。古くから残る日本の家屋を観察すると，木材や土，紙，草（い草や萱^{かや}）などを材料につくられている。吉田兼好は『徒然草』のなかで「家のつくりやうは，夏をむねとすべし」と説いていることからも，日本人は多湿な気候のなかでいかに快適に過ごすかに苦心していたことがうかがえる。古い日本家屋の材料となっていた木材や土，紙などの素材はすべて空気中の湿気を吸放湿したり，熱伝導率が低く家のなかの温度を保ったりする役割を担っていた。

い草にも同じような機能性があり，優れた湿気の吸放出力や表面のさらりとした肌触りは，今日のようにエアコンなどがない昔の日本において，湿度が高い季節にも快適に過ごすのを助けたと思われる。

湿気の吸放湿以外にも，い草には優れた機能性があることが近年の研究で明らかになった。私たちは夜寝ているときでも汗をかき，汗臭を気にする人も多い。汗のにおいは，アンモニア・酢酸^{さくさん}・イソ吉草酸^{きっそうさん}から構成され，これらの成分を一定水準以上消臭できれば汗臭を消臭することができるといわれている。い草は，これら３つの成分について優れた消臭機能がある。夏の寝苦しい夜にい草で織ったシーツを敷くだけでさらりとした寝心地で眠りにつくことができ，さらに寝汗による汗臭のにおいも軽減される。

かつてい草は，中四国や北部九州，北陸地方など日本国内で広く栽培され，1977年のピーク時には約１万2000haの栽培面積があった。その後，住宅の洋風化やコストダウン（中国製畳表の台頭）などの要因で日本産の畳表の需要が減退し，それに伴ってい草の栽培面積も減少の一途をたどり，2022年現在日本国内でのい草の栽培は，熊本県八代地方の380ha[1)]を残すのみとなり，ピークの約30分の１にまで減少した。

一度失ったインフラは，簡単には復活しない。い草農家がい草栽培をやめても田んぼは残るので，また植えればいつでも再開できるようなイメージをもた

れるかもしれない。しかし，い草栽培には植え付け機械や刈り取り機械，その後の加工機械などが必要だが，かつてこれらを生産していた機械メーカーも1台や2台の生産では採算が合わないので生産を再開することはない。日本における栽培から加工のインフラは減少しつづけているが，今は中国から輸入される畳表が一定数あることで畳店も業界もそれなりの売り上げや規模が維持できている。しかし，日本のい草業界や日本製の畳については，このまま何も手を打たずにいたらさらに縮小していくのは明白であろう。

前述のようにイケヒコ・コーポレーション（以下，当社）は畳表の卸を祖業にし，以来い草にかかわることを事業の中心においてこれまで136年の歴史を編んできた。業界が縮小しつつあることは住環境や生活様式の変化による要因もあるにせよ，見方を変えると当社の力不足は否めない。

国連は，「企業は，SDGsを達成する上で重要なパートナーである。企業は，それぞれの中核的な事業を通じて，これに貢献することができる。私たちは，すべての企業に対し，その業務があたえる影響を評価し，意欲的な目標を設定し，その結果を透明な形で周知するよう要請する」[2]とし，企業にSDGs達成のために積極的にかかわるように求めている。

意図せずい草業界の活力がなくなっている現在，当社が事業を通じてできることはたくさんある。このことと当社の業界における責任を果たす意味で，当社に関係するステークホルダーを見渡し，想いを同じくする個人や法人に対しさまざまな働きかけを続けている。

2　い草を復活させるための関係づくり事例

本節では，次世代の需要者になるべき子どもたち，い草を製品にして世に送り出す畳屋さん，い業界のサプライチェーン全体に位置するさまざまな業種業態の人たちへの当社の働きかけと関係づくりについて紹介する。

（1）子どもとつながる― 畳育

① **赤ちゃんの成長と畳**　理学療法士の山野井えみ先生は，小児科医院勤務時代に子どもの発達に悩む親が多いことに気づき，自らも 3 人の子どもを育てながら株式会社ままこやを立ち上げた。ままこやは，ハイハイがうまくいかない，歩き始めが遅いなどわが子の発達に関する悩みをもった親子を対象に発達支援を行い，これまで延べ 2 万組を支援している。

　山野井先生は著書のなかで「歩き始めるまでの約 1 年間の発達は，その後の幼少期以降の運動や睡眠，学習や情緒など，さまざまな発達に深く関わってくるものです」と述べ，しっかりとしたハイハイをして発達してきた赤ちゃんは，立って歩くようになってからのかけっこも速い傾向があることを幼稚園児でも実証しながら説明している。当社では，生後 3 カ月ころからはじまる "ハイハイ" と運動能力の関係に興味をもち，この時期の住宅環境，とくに床の材質が赤ちゃんのハイハイにどのように影響するのかを先生と協力して研究してきた。

　しっかりとしたハイハイは，手や足の幅，動かすテンポや全体のスピード感が大切で，このハイハイの質と期間が上述の運動能力に関係している。「以前は日本の住宅でよく見た畳の部屋。そこは，赤ちゃんにとって思う存分トレーニングできる最高のフィールドでした」「適度な弾力のあるフラットな畳は，寝返りもしやすく，発達のフィールド（中略）他の床材に比べてハイハイの動きを伸ばすというデータも発表されているので，よりよい発達のためにも，まずは 1 枚の置き畳から始めてみましょう」と赤ちゃんがしっかりとしたハイハイをして運動能力を上げていくのに適した環境として畳の部屋を推奨されている[3]。床を畳にするだけでなく，赤ちゃんが自由に動き回れるスペースをできるだけ広く確保することもハイハイのトレーニングにつながり赤ちゃんの発達につながる。

② *ハイハイレース*　当社では，倉庫市でイベントを年に 2 回開催している。当社の取扱い商品を地域や取引先の皆さんにお値ごろに提供する機会だが，このイベントには多くの家族連れの皆さんにも来場いただき，なかには小

畳でハイハイレース

さなお子様をお連れの若い家族もいる。この若い家族をターゲットに畳（い草）の良さを知ってもらいたい思いをこめて「畳でハイハイレース」を開催している。このレースには多くの赤ちゃんがエントリーし，その腕前を披露してもらっている。赤ちゃんがハイハイする期間は生後8カ月前後のわずかな期間と限られるため，イベントがその期間に合った親御さんは競ってわが子をエントリーして毎回にぎわっている。参加者も普段はい草や畳について考える機会はほぼないと思われることから，会場では山野井先生による赤ちゃんの発達とハイハイの関係の解説動画を流したり，畳によってハイハイの質が向上することを説明したパネル展示を行ったりしている。これらが参加者の目にとまり興味をもってもらうことで，赤ちゃんとの生活のなかにい草や畳を取り入れるきっかけにしてほしい。

③ **幼稚園児と畳**　　もう1つ興味深いエピソードがある。当社では，近隣の幼稚園や保育園に置き畳を寄贈し保育現場で活用してもらっている。ある保育園でフローリングの教室の一角に簡易的な畳スペースをつくったとき，それまでフローリングの上で上履きを履いて遊んでいた園児が集まってきて誰から指示されることもなく上履きを脱いで畳に上がったのである。私たち日本人は家屋に入るときは靴を脱ぐ生活をしているが，保育園の教室内に畳スペースをつくってもそこに屋内屋外という認識はないと思われるが，畳の上は靴を脱ぐものという意識が教えられなくても働くのであろう。畳と靴，子どもの認識の相関関係は不明だが，いかにも日本人らしいと思えるエピソードだ。

④ ワークショップ　このほかにも，い草に触れてもらう機会をつくるために，約6年前から各地で行われるワークショップイベント，取引先の小売店店頭，地域行政，学校などと連携して子どもを対象にしたい草の枕やうちわ，コースターを手づくりするワークショップを開催している。

実際にい草に触れるワークショップ

　これらのワークショップでは，実際にい草に触れながら自分の手で枕やうちわ，コースターの工作をするものだが，普段触れる機会があまりない自然素材を自分の手に取り，手触りやにおいを感じることで印象に残りやすい構成にしている。2023年は9月までで約2300名の子どもたちが参加し，これまで6年間の累計では約1万5000名の子どもたちが参加している，親御さんまで合わせると数万人の人にい草に触れてもらうことができた。

⑤「畳育」　東海大学の岩本泰教授の授業を受講している学生たちに聞いてみると，半数以上の学生が自宅に畳の部屋がないと答えた。既述のようにい草や畳のマーケットが小さくなっていることを実感するとともに，このままでは近い将来に畳の文化がなくなるのではないかという危惧ももっている。次世代の消費者となる子どもたちが畳やい草に触れる機会がなければ，畳やい草の存在を知ることもなく，将来自宅の床材やお部屋のインテリアとして畳やい草を候補にすることもない。

　当社では，このような子ども向けのい草の情報発信を「畳育」と呼んでいる。い草は素材としての機能性が優れているだけでなく赤ちゃんの発達の手助けにもなる。以前はほかに選択肢もなく無意識に畳の恩恵を受けながら成長してきた日本人が，住宅環境の変化に伴いその機会を逃しているとするならば，い草にかかわる企業として「畳育」のような形で情報発信したり，活用してもらう場をつくったりすることは重要な取り組みだ。

（2）畳屋さんと消費者をつなぐ―ピソコモドと畳アンバサダー

① ピソコモド　　日本には現在約5000店の畳店があるといわれる。畳店は，一般家庭や旅館，飲食店に敷かれている畳を交換するのが生業である。畳店の事業規模は，規模の大きい数社を除き，ほとんどが家族経営もしくは数名の従業員で営業している零細である（全店数の85％は3名以下で運営しているとのデータもある）。畳は，ほかのカーペットと違い頻繁に買い替えるものではなく，一度敷きこめば10年単位で使用することができ，ある意味では環境に優しい敷物である。しかし畳の商品としてのこのような特性は，零細の畳店が事業を継続するには仕事の確保という面では逆の意味をもつ。また，近年は，一棟の住宅に和室が一室もないということもめずらしくなく，日本全体の畳の需要が減りつづけているのも既述のとおりで，勢い畳店の減少も進んでいる。このような畳店をとりまく環境のなかで，継続的に仕事をしてもらえる仕組みをつくり，畳屋さんと消費者をつなげることも当社の大切な取り組みの1つである。

　古くなったり傷みが目立ちはじめたりした畳は交換される，また以前の日本では冠婚葬祭などを自宅ですることもめずらしくなく，人の集まる機会にも畳を新しくしていた。家に和室が多かった時代は畳替えの需要は旺盛で，営業活動をしなくても畳の需要は一定数あったのである。しかし，住宅のつくりや暮らし方，購買の流れなどの構造は変化し，畳屋さんは待っていても仕事は獲得できない。しかし，零細畳店の場合，自分で仕事を取るにしても営業経験がないなどでうまくいかない。

　消費者の目線では，傷んだ畳を交換したくても近所に畳店がなくどこに交換を依頼してよいかわからない。また，近くに畳店はあるが，なんとなく敷居が高くて入れないというようなことも起きている。

　当社は，このような営業が苦手な畳屋さんと，畳を交換したい消費者のマッチングを行っている。ホームセンターの店頭でリフォームの提案がなされているのを見たことがある読者も多いと思うが，これと同じように当社は取引のあるホームセンターの店頭に畳のサンプルを置かせてもらい，畳替えの注文を取る仕組みをつくった。畳の工事に行くのはそのホームセンター最寄りの当社の

提携畳店である。たとえば，横浜のホームセンターの店頭で畳替えの注文を受けたらその情報は当社にもたらされ，当社が提携畳店のなかから対応可能な畳店を選択し，その畳屋さんが発注元のお客様宅（消費者）へ訪問し畳替えを行う流れだ。

ホームセンターでのリフォーム提案

　現在この提携畳店が日本全国に約300店あり，現在も増えつづけている。この仕組みを始めた当初は，メリットが理解されず提携してもらえなかった畳店において，今日に至るまでの間に仕事を取ることが年々厳しくなり逆に参加の申し入れをもらうケースもある。

② **畳アンバサダー**　前項で述べた「畳育」は，当社が一社で行うより，同じ価値観を共有してくれる畳屋さんにも情報発信してもらったほうが効果はより高まるはずだ。そのために当社の思いに共感いただける畳店に当社が得たノウハウを公開する「畳アンバサダー」制度をつくった。この施策では，い草の歴史や機能性，赤ちゃんの発達との関係などについてカリキュラムを設定し，希望する畳店を対象にセミナーを開催している。セミナーの最後には実際に受講された畳屋さんがい草についてのノウハウを説明するロールプレイングを行い，自分の言葉で説明できるようになることをめざしている。

　セミナーを受講した畳屋さんは，当社がアンバサダーとして認定し，日々の営業現場や近郊のイベントに参加しい草の良さを発信したりワークショップを開催したりして，業界の活性化のために尽力してもらっている。

　ピソコモド事業も畳アンバサダー制度もいずれも畳店に継続的に仕事を創出してもらうための取り組みである。畳店を持続可能な商売として残すことも当社の貢献の1つと考えている。

（3）業界をつなぐ一畳サミット

　前項までは，い草農家や畳店などサプライチェーンの一部分への働きかけに

ついて述べてきた。この項では，サプライチェーン全体への働きかけとつながりづくりついて当社の取り組みを紹介したい。

　ベクトルを合わせるという言葉がある。これは1つの組織の構成員全員が目的を共有しそれに向かって力を合わせるというような意味で使われる。い草業界を1つの大きな組織として捉えた場合，その構成員は農家，農協，市場，卸，畳店などさまざまな利害関係をもったものの集まりである。企業という内部的に閉じられた組織であれば経営理念や方針などを共有し確認することでベクトルを合わせるのだが，それぞれの利害の相関が異なる組織で構成された業界という集まりはどのようにしてベクトルを合わせるのか。

　業界の根底に共通してあるのはい草産業の持続や存続の実現。そのような意味ではなんとなくベクトルは合っているのかもしれない，しかし，そのアプローチ方法やゴールイメージの共有はできていない。どのようない草業界の姿をどのようなアプローチで実現するかが共有されていなければ，取り組みに温度差が生まれる。より厳密にベクトルを合わせていく施策の1つとして当社は"畳サミット"を主催している。

　まず，毎年6月1日をい草の日として（一社）日本記念日協会の認定を受け，業界全体がい草に向き合う機運を高め，その日を畳サミットの開催日とした。地域限定の組合はこれまでもあったが，地域を超えた組織体はなかった。サプライチェーンの上流から下流までそれぞれに位置する当社の関係各社はもとより，たとえば当社であれば卸という立ち位置だが，同業（競合）であってもあまねく声をかけ，趣旨に賛同いただける会社には参加してもらい同じ会場で業界のあるべき姿を討論する。

　討論を通じ，お互いに見ている方向やゴールまでの距離感がつかめてきて，やがてそれが緩やかにまとまりサミット全体での方向性

第2回 "畳サミット" のポスター

として確認され，それぞれの参加者がこれからやるべきことを認識した状態がつくられていく。

とはいえ，必ずしもすべての関係者が参加するわけではない。この試みのよいところは，サミットに参加して気持ちをつくった参加者たちが自分の属するコミュニティにもち帰り，参加しなかった人にもその思いを伝播してくれることである。立場は違えども自分と同じ思いをもつ人が業界にたくさんいることを確認し，自信と希望をもつ。そのような人が業界に増えていくことがこのサミットがつくるつながりである。

ボーダーレスがいわれるようになって久しい。次項のデジタルでも述べるが，自分が得た情報や知見を独り占めにする時代ではなくなった。業界に関係する人が有機的につながり，賛同する人のコミュニティをそれぞれの場所でつくっていく。しかもそれは畳サミットで共有した同じ思いがベースとなっている。このサミット自体からすぐに何かが生まれるわけではないが，このようなつながりを確認すること，それを主宰することもい草産業を持続可能にするための当社の大切な取り組みである。

（4）デジタルと畳店をつなぐ

X（旧 Twitter），Facebook，YouTube，Tik Tok，Instagram，LINE など個人が情報を発信したり収集したりできる SNS（ソーシャル・ネットワーキング・サービス）は，いまや完全に私たちの生活の重要なインフラとしての地位を確立し，人気のインフルエンサーが発信する情報が消費にも大きな影響を与えるようになった。また最近は，クチコミマーケティングという言葉を耳にするようになった。消費者は何の商品にしても購入の意思決定をするにはその商品のクチコミを参考にし，実際に購入したあと今度は自らが使用感やお店の印象を投稿する。これを積極的に活用しようというのがクチコミマーケティングである。これらのことは，SNS が私たちにとって重要なマーケティングツールになったことを意味し，これを使いこなせるか否かが業績にも影響するようになった。当社では早くから業務の DX 化に取り組み，現在はデジタイゼーショ

ン（業務をデジタルに置き換える）からデジタライゼーション（デジタル化によって得られたリソースを活用して新たな付加価値を生みだす）のフェーズに移行しつつある。デジタイゼーションを進めるなかで既存社員はさまざまなデジタルスキルをリスキリングしたり、スキルをもつ人をキャリア採用したりすることで社内のデジタル知見を高めた。デジタルの技術は普遍的な活用が可能である。このことは獲得した知見を他者へ提供することが可能ということを意味する。

　当社では、これまで培ってきたデジタルスキルを畳店に共有することを進めている。前項で述べたように、畳店は小規模で経営されていることが多く、営業ノウハウはもとより DX 化も進みにくいのが現状である。繰り返すようだが、畳店の存亡はい草業界の存亡と密接につながる。デジタルスキルが企業の業績に大きな影響を与えるようになった今日、畳屋さんが自らの会社なりお店をデジタルツールで発信できるようになることは重要なことである。往々にして自社のスキルはほかに出したくないというのが一般的な本音であろう。しかし、業界全体の発展を選ぶか、スキル習得に手を貸さなかった結果、業界自体が小さくなり延いては自社の存続もしくは事業の継続に影響するようになるのか、それはむずかしい選択ではない。

　デジタルツールのビジネスシーンでの活用は、動画や画像、テキストを駆使してさまざまな形でなされる。またそれらを発信するツールも冒頭のようにさまざまある。当社のデジタル講座では、発信したい内容に応じた画像の撮りかたや簡単な動画の編集、それらを発信するツールの使い分けや組み合わせなど、これからの畳店に身につけて活用してほしい内容を中心に展開している。とくに SNS ツールは、どの段階にいる顧客（顧客の購買行動には、認知から意思決定、拡散までいくつかの段階がある）にアプローチしたいかで使い分ける必要がある。

　商圏や業界が限られたり独立したりしていた時代には、それぞれに応じた独自のマーケティングでの働きかけでうまくいっていた。しかし、デジタル化は業界の水平方向も垂直方向もつなぎ、または業界の垣根も越えて業界をフラットにしている。現在の消費者は日々あふれる情報のなかから自らに必要なもの

を正しく取捨選択しないとならないし，そうしたがる。そのようななかで顧客に私たちの思いを正確に伝えるのはむずかしく，伝えたい情報を埋もれさせないためにはスキルが必要である。急速に変化しビジネスのあり方自体が変化するなかではその変化に対応していく術を共有することも重要な産業維持のアプローチと考える。また，この講座において出会った畳屋さん同士がSNSを活用して新たなつながりをつくり，それぞれが細胞分裂のように共同体をつくっていくのはうれしい副産物だ。

□ ■ □

　日本人の商売観には古くから，「論語と算盤」や「近江商人の三方よし」「企業は公器」などのような商売を単なるお金儲けと捉えるのではなく，倫理観をベースにした振る舞いや社会貢献に資することを事業理念とする長い時間軸の考え方がある。SDGsやエシカルな消費などのキーワードを頻繁に見聞きするようになる前から私たち日本人は，お互いを思いやり生活をしてきた。その精神は，資源が限られる島国という環境で人々は手にしたものを分け合い，互いに寄り添うように生きてきたなかで育まれたのであろう。それが私たちのなかにやどる “おかげさま” や “もったいない” “バチが当たる” などの意識であろう。そのことを考えると，私たち日本人はとくに意識せずとも産業の維持や地方創生の大切さを理解していると考える。または，普段の何気ない事業活動がすでにその役に立っていることもあるだろう。このたび，こうして当社のい草業界における取り組みを紹介させていただく機会を得て，改めて整理してみるとたくさんの取り組みを行っていることに気づくが，私たち自身に何か特別なことをしている意識はない。これらの取り組みは，業界の課題に気づいた1人ひとりの社員が自然発生的にそれぞれ始めていたものである。

　大切なことは，自身が身をおく場所において少しでも周りを物心共に豊かにしたいという想いをもつことのできる教育や環境と，その想いを言語や活動にして発信し，共感してくれる仲間を増やしていくことと考える。1人ひとりがそのような想いで活動すれば，おのずとその想いが重なる部分が広がり，やがて産業全体や地域全体に広がっていくと考える。

第9章　い草でつながる　113

注

1）農林水産省（2023）「いぐさ（畳表）をめぐる事情（令和 5 年 8 月）」 https://www.maff.go.jp/j/seisan/tokusan/attach/pdf/igusa_tatami-omote-12.pdf

2）地球環境戦略研究機関：IGES（2016）『SDG Compass　SDGs の企業指針─SDGs を企業はどう活用するか』 https://www.iges.or.jp/jp/publication_documents/pub/policyreport/jp/5102/SDC_COMPASS_Jpn_0318_30P.pdf

3）山野井えみ（2021）『1 万人の育児のＱ＆Ａとイラストから学ぶ！　生まれた日から歩くまでの発達ガイドブック』 https://www.mamakoya.com/products/guide-book

第10章

ヨガでつながる

　い草の商品を取り扱うインテリアメーカーのイケヒコ・コーポレーションは，ヨガインストラクターの橋口ひとみ先生の監修のもと，日本製にこだわったまったく新しいヨガマット「畳ヨガ」を7年前に開発・販売をスタートした。「畳ヨガ」は，い草の良さを1人でも多くの人に広めたいという私たちの想いと，体と心のケアがとみに求められるようになった現代のニーズにマッチした商品である。日本人の生活文化に長く深く寄り添ってきた畳。その暮らしがもたらす安心感とヨガの思想は，図らずも深くつながっていた。

1　畳ヨガとは

　1400年以上もの古来から畳に使用され日本人の暮らしにより添ってきたい草は，素材そのものが私たちの体にも地球環境にも優しい効果をもっている自然素材である。その畳の原料であるい草を使ったまったく新しいヨガマットが「畳ヨガ」である。

　じつは，い草とヨガには共通点がある。い草の学名は「Juncus effusus」といい，この「juncus」はラテン語で「結ぶ」という意味がある。ヨガの語源であるサンスクリット語の「yuj」も「つなぐ」という意味。ヨガとい草には，図らずもその語源でつながっていた。

　インドで生まれ今や世界中で親しまれているヨガは，自然に生かされている自分を感じ自然とつながり大切にするという思想がある。心と体がつながり，瞑想・姿勢・呼吸を組み合わせ，心身の調

畳ヨガ商品イメージ

和や統一，バランスをとる。

　ヨガは，静的動作が中心となるため，その際に使用するヨガマットはそのクッション性で硬い床から体を保護しポーズを取りやすくするツールを使用するため，通常 PVC といった塩化ビニル（クロロエチレン）を重合させたプラスチック素材でつくられる。

海外でも人気のある畳ヨガマット

　「畳ヨガ」マットはそういったこれまでのヨガマットと違い，自然素材であるい草を織って ゙ざにして，裏面にクッション材を貼り合わせつくり上げたマットで，“呼吸する”生きたヨガマットといえる。呼吸を大切にするヨガにおいて，このマットでヨガをすると自然をより身近に感じることができる。

　「畳ヨガ」マットは，使い心地だけではなくそのデザインも楽しんでもらえるように，自然から得られたモチーフをデザインに表現している。植物柄や夕日，海，大地など10種類を超えるデザインが取り揃えられており，ヨガをしていない日常の時間にもお部屋のインテリアとして楽しめる。

　“自然を身近に感じながらヨガを行う”という商品コンセプトやそのデザイン性が海外からも支持され，現在ではアメリカやフランス，中国や台湾など海外の国でも販売し支持を得ている。

2　畳ヨガはどうやって生まれたのか

　近年，ライフスタイルの変化によって畳の需要と供給は減少しつづけている。1977年の生産ピーク時に，1万2000ha あったい草の栽培面積は，今やその30分の１以下にまで減少している。このままでは畳・い草が減りつづけてしまうのではという強い危機感をもち，産業を継続発展できるよう需要を増やしたいという強い想いから「畳ヨガ」は生まれた。

　需要を増やすために，少しでも畳やい草の魅力を伝えるにはどうしたらよいかと考え，まずはダイレクトにその良さを伝えるい草のワークショップを2017

年にスタートした。

「どうやったら，い草のことを知っていただけるのか？」「い草の効果や心地よさを実感してもらうにはどうしたらい

大木町体育館で実施したヨガ体験

織機の生産者さん

いのか？」「現代のライフスタイルにマッチするモノづくりは？」と悩み考え続けるなかで，"畳と「ヨガ」と組み合わせてみる"というアイデアが生まれた。

　"畳と「ヨガ」と組み合わせてみる"ということに共感してくれたヨガインストラクターである橋口ひとみ先生（第4節筆者）を訪ね，アドバイスを受けながらサンプルを数種類試作した。初めにござにウレタンやフェルト材を裏に張り付けたマットができ上がった。2017年6月には橋口先生を講師にヨガ教室を計画し，社内や地域の人にも体験してもらおうと地元体育館でイベントを開催し，30名を超える参加者に集まってもらうことができた。参加した人からは，「肌触りが気持ちよい。リラックスすることができた」「深呼吸したときの香りがいい，癒やされた」といった嬉しい感想をもらうことができた。

　このイベントで消費者にお届けできる「畳ヨガ」マットの提供価値を確信し，さらに磨き上げて商品化することが決定した。橋口先生とござの生産者との協力のもと，ヨガマットとして納得できる商品が完成するまで試行錯誤が続く。

　ヨガを行うとき，肌が直接マットに触れ，また低い座の体勢でポーズをとることも多いため，通常のござ敷物よりももっと緻密に美しくその織り目を仕上げる必要があった。一般流通仕様とする品質のさらに高いクオリティをめざし，ござ織機の生産者がヨガマット専用のい草生地を織り上げた。

　つぎに，マットのクッション性について橋口先生のアドバイスのもと，硬すぎずやわらかすぎない，ほどよいクッション性をもたせるためPVC製（現在

つながるヒント

は TPE 製もある）の裏地を採用し，い草生地の裏面に貼り付けることにした。もちろん人体に無害な接着剤で貼り付けるのだが，もともと撥水性の高いい草生地に貼り付けるためには，その温度設定と接着剤の量の調整が非常にむずかしく，修正を何度も繰り返した。こうした試行錯誤を経て「畳ヨガ」のマットは，2018年にようやく商品化でき販売をスタートした。

　地元の人々の協力，生産者や橋口先生の協力，私たちの強い想いがつながり「畳ヨガマット」ができ上がった。このマットを使った橋口先生の「畳ヨガ教室」は，今も週1回社員と地域の人々に開放し開催している。

3　畳ヨガマットの特徴

　畳ヨガに使用しているござの生地は，日本製のい草を使用している。日本製のい草は海外製のものと比較すると，その表皮が厚く中綿もしっかりと詰まっているため，耐久性と弾力性に優れている。また，それだけでなくい草は素材として人にやさしい効果をたくさんもち合わせている。以下に，改めてい草の代表的な効果を紹介する。

① 優れた調湿力
　い草は調湿力があるため，乾燥時に蓄えた水分を室内に放出し湿度が多くなると吸収する特性を備えている。その吸湿力は，なんと綿の約2.5倍。汗をかいてもサッと吸湿してくれるので，マット上でのベタベタ感がほとんどない。
② 消臭力
　汗臭・加齢臭・ペット臭・たばこ臭などの原因物質（アンモニア・酢酸・イソ吉草酸・インドール・トリメチルアミン・ノネナール・ピリジンなど）を吸着してイヤな臭いを軽減。マットに臭いが染みつくということもほとんどない。
③ 防汚性
　繊維製品防汚性試験（試験方法：い草生地に汚れに見立てた醤油とコーヒーを滴下し，24時間放置後しみ抜き処理）の結果，最も汚れにくいランク（防汚性5級）で，ほとんど汚れが残らないというものだった。そのためマットを使用し続けても，汗ジミや汚れが気になるということはほとんどない。
④ リラックスする香り
　い草の香り成分には，木の芳香成分である「フィトンチッド」が含まれている。森林浴効果の癒やし効果にはこの「フィトンチッド」の作用が大きいと言わ

れている。他にもバニラエッセンスの芳香成分「バニリン」や，紅茶の芳香成分など`も含まれており，い草の香りを楽しみながらリラックスしてヨガに取り組むことができる。

⑤ 空気をきれいに

い草の内部を拡大してみると，その構造は蜂の巣のようなハニカム構造になっている。たくさんの小さな部屋が集まったような構造のため表面積が広く，そこに吸着作用が生まれる。そして，空気がい草表面に触れることで，空気中の二酸化炭素やホルムアルデヒドなどがい草内部に取り込まれることで室内の空気が浄化される。前述の消臭効果もこのい草独自のハニカム構造のゆえんである。

以上が「畳ヨガ」の材料として使っているい草の良さである。いっぽうで，「畳ヨガ」は激しい動きを行うヨガや，瞬間的にたくさんの汗をかくようなヨガには，強いグリップ力や滑りにくさが求められるため，あまり向かないということをデメリットとして追記しておきたい。

い草は，水分を綿の約2.5倍吸収することができ，汗の臭いもとり，天然芳香成分が癒やしと森林浴をしたときのような，極上のリラックス効果をもたらしてくれる。体の動かすとともに呼吸を大切にするヨガにとって，このようない草の効果はヨガをより楽しめるマットとして最適のように思える。私たちは，この「畳ヨガマット」を通して，日本だけでなく世界中に畳・い草がもつすばらしさを発信したいと考えている。

畳での暮らしを改めて見直し，またフローリングが多くなった現代のライフスタイルのなかにもマッチする商品開発をしていくことで，い草の魅力を知ってもらうこと。先人の知恵が生きる自然のものを暮らしに取り入れて，快適にすること。このことが，お客様へのサービス提供につながり，畳文化を継承していくことにつながるのではないだろうか。

4　YOGA とは

① サンスクリット語で「つなぐ・結ぶ」　YOGA（ヨーガ）の歴史は，およそ5000年前より伝わりインドが発祥といわれている。YOGA とは，丁寧に心をケアし，心と体と魂，人と人，人と自然，すべての根源である宇宙とつなが

り豊かに生きるための智慧である。心の健康と幸福を得るためにYOGAの教えがある。その教えを示すために聖者パタンジャリ・マハリシが記した経典が「ヨーガスートラ」である。

YOGAのゴールは，サマーディ（悟ること）だと経典に記されている。サマーディとは，特別なことではなく物事に囚われず冷静に状況を見定め的確な判断ができる穏やかで自由な心の状態のことをさす。サマーディに至るための方法として，心をケアすることをヨーガスートラでは説かれている。

YOGAは，心のケアをしつづけるための練習法である。以下に，『やさしく学ぶYOGA哲学　ヨーガスートラ』（向井田みお　2015；アンダーザライト）より一部抜粋する。

> 花を育てる時に土を耕し種を蒔き成長を丁寧に見守る必要があるように，人は自分の花を咲かせるためにできる努力をして，花が咲くまで成熟を待つ必要がある。
>
> しかし，YOGAの可能はただ待つだけではなく，よりたくさんの光があたるところへ，成長させる水と栄養が与えられるところへ自らの意思で選んで行くことにある。
>
> 自分を目覚めさせる明るい太陽の光とは何か？　心を豊かにする栄養とは何か？　を知りそれを求める生き方こそがYOGAの目的である。

② **私の捉えるYOGA**　　YOGAとは豊かに生きるための選択。真の豊かさとは何か？　物質，金銭，所有などに囚われすぎること（執着）が苦しみを生み出すと考える。手に入ることや失わないことが豊かさとは限らないと思えた時にバランスのとれた価値観が心に宿るのではないだろうか。（サントーシャ：ヨーガスートラ～八支則ニヤマ～より）

足るを知る，満足する心こそが真の豊かさ。不足不満に心を奪われずに，当たり前にあるもの，人，環境，自然，そして自分自身に感謝を向けることが豊かに生きるための秘訣だと捉えている。

③ **自然とつながり調和する**　　筆者（橋口）は，YOGAを実践していくなかで今まで見えていなかった自然とのつながりを意識するようになった。YOGAで大切にされている「呼吸」を通し酸素を取り込むことにより命がつながって

いる。私たちは自然界に常に生かされているのである。畳ヨガとの出会いも自然環境を意識するきっかけの１つである。YOGA の練習でも畳ヨガに触れるたびに，ナチュラルな香りと肌に触れるい草が自然とのつながりを思い出させてくれる。また，イケヒコ・コーポレーション社の自然環境を大切にする考え方にも感銘を受け，かかわりをもつなかで多くの気づきを得た。

④ **YOGA に取り組んだきっかけ**　2012年，郵便局に勤めていたころに以前から興味があった YOGA を体験する。当時，心身ともにストレスフルで病院に行くか会社を辞めるかという迷いの時期に YOGA に出会い心と体が軽くなり救われたような気持ちになる。

　「YOGA はきっと現代社会で働く人たちの助けになる」。なんとなくこのときにそんな想いが浮かんだ記憶がある。

⑤ **YOGA を深めたい**　2014年冬，ヨガを深めるため講師養成講座を受講した。まだまだ自分自身をコントロールすることがうまくなかったそのころ，ヨガに触れているときだけは穏やかな時間が流れ，休日のほとんどをヨガに費やした。そのおかげで，心身ともにバランスを取り戻し平穏な日常生活を送れるようになった。

⑥ **YOGA を伝え広げたい**　健康を取り戻し生き生きと働けるようになり，同僚から心身トラブルの相談が増えていった。

　現代社会で働く多くの人は，がんばることが第一で心身のメンテナンスが行き届いていない人が多い。疲れを感じていても心と体をケアするための時間をつくれないという声も多くあった。

　子育てや介護をしながら働く女性，プレッシャーのなかで生きる男性，環境の変化，人間関係などストレスフルな状態であっても，残業する時間はあれど習い事をする時間はつくりにくいなどの理由でメンテナンスを諦めている人が多く見受けられた。

　本当に必要とする人に届けたいという思いが芽生え，2016年夏ごろから社内でヨガサークル活動をスタートした。その後，さまざまな企業からオファーをいただき外部でも活動を開始した。畳ヨガとの出会いもそのころである。

⑦ **自然とつながる食べもの**　　YOGA との出会いは，さまざまな角度から自分自身とあらゆる物とのつながりを見つめ直すきっかけになる。その１つが「食」である。私たちは，日々自然界の恩恵を受け生きている。当然のようだが，そのごく当たり前のことに支えられていることにどれだけ心を向けられているだろうか。日々を忙しく過ごしていると，食事は「いただく」ではなく「済ませる」という作業的な摂り方になりがちだ。筆者も YOGA に出会う随分前はそのような食事の仕方だった。とりあえずお腹が満たされるものを，できるだけ簡単に，食を味わうことなどあまり考えたことがなかった。

　YOGA を実践するなかで，心と体，呼吸と命，自分自身と他者，人と地球，さまざまなつながりを感じることが増えていった。命をつないでくれている食に関心が向くのはごく自然なことだったのかもしれない。YOGA の実践で自分自身と向き合うと心や体の声に耳を傾け問いかける癖がついてくる。「体に優しいもの食べたいな。優しいものはなんだろう？」考え，まず選んだのは，化学調味料を減らし素材を味わう天日塩などシンプルな味付けに変えたことである。味付けをシンプルにすると最初は物足りなくも感じる。当時，味覚が濃い味に慣れすぎて体へ不要なものを溜め込んでいたのかもしれない。思い返せば，食を見直す以前は体調不良や肌トラブルなど不調のなかで日々を過ごしていたように思う。シンプルな味で味覚が研ぎ澄まされると素材の味も鮮明になってくる。食材選びも無農薬や減農薬のものを極力選ぶようになり作り手の想いにふれることも増えていった。そこに思いを馳せると，たとえば今日食べた一皿にいくつの食材が使用されているのか，その食材にどれだけの人がかかわっているのか，食材をつくった人，運んだ人，調理した人，人がかかわるということは，１人ひとりの命の時間が費やされたということに気づく。そして，食べられるために生まれてきた命をいただき私たちは生きているという

季節の養生おむすび　二種のお結び・牛蒡と舞茸の金平・紫蘇の実と梅昆布・季節の根菜のお漬物

こと，提供された料理にきちんと向き合って大切に味わいいただく，食べたものがまたエネルギーに変わり自分自身の力になってくれるといった自然界とつながり生かされている自分自身の命の使い方を大切にしたいと感じた。

⑧ **自然とつながる暮らし**　糸島（福岡県糸島市）の海に魅了されてこの地に移り住んだ。筆者の住まいでもある養生サロンは海と山に挟まれた場所。野山へも海へも徒歩5分と自然豊かな環境。ヨガリトリートをはじめ，野草講座や自然食教室などあらゆる角度から自然と触れあいながらに生きていくことを伝えている。さまざまな出会いがあり自然を愛する人たちから多くのことを受け取ってきた。愛猫との出会いもその1つ。動物と暮らし海遊びや山遊びも増え，畳ヨガや自然の素材に触れるたびに環境問題に関心が向くようになり暮らしのなかでも地球のためにできることを考えるようになった。洗剤やシャンプーなどの日用品も自分だけでなく家族や愛猫たちにも優しい成分でつくられたものを選ぶようになった。さらに排水として流される際の生分解性にも配慮されたものを選びたい。自然へ流れ出たものはいずれ私たち人へと返り，先へ続く世代へも受け継がれていく。「食」の話でもふれたように，私たちは自然の恩恵を受け取り生きている。太陽の光があり動物たちが動き出し，風が吹き，水が流れ，土のなかにいる生き物がまた目覚めはじめる。その恵みのおかげで暮らしが支えられていることを思うと自然へお返しするものはできるだけ優しい選択へ変えていきたい。優しい選択とは特別なことではなく，それぞれの環境や暮らしのなかで自分自身や大切な家族にしてあげたいことを見つけることだと思っている。その選択が地球につながっているのだから。

⑨ **自然とつながるまとうもの**　身にまとうものの1つが衣類である。すべてが自然素材といいたいとこ

糸島の海と愛用品　一番上：畳ヨガマット，右上：フェアトレードコットンとジュートバッグ，右下：ビーチクリーンで拾ったシーグラス，中央：セイタカアワダチソウのインフューズドオイル，左下：ドクダミ花のティンクチャー，左上：セイタカアワダチソウを乾燥させたもの

ろだが，なかなかそうもいかず化学繊維所有物も少なくない。昔，気に入って買った服もあるし多少綻れていても着やすくて捨てられずにいるものもある。筆者なりに大切にしていることは流行を追いかける使い捨てのファッションではなく今あるものを見直し大切に長く楽しむこともサスティナブルにつながると考えている。

オーガニックコットン腹巻き

衣類としての役目を終えたら捨てる前に「ウエス」としてもうひと働きしてもらい最後までできるだけ活用するようにしている。どうしても着ない服は必要な人にあげて，人も物も喜ぶ方法を考えるようになった。そして，新しく購入する衣類はできるだけ長く着用できるものや，オーガニックコットン素材のもの，草木染めなどを選択するようにしている。

選択するものを変えていくうちに，知人へのプレゼントも出産祝いも体に優しい贈り物を選ぶようになった。考え方や選ぶものが変わり，筆者の小さな発信から身近な人たちの新しい発見や選択肢へとつながることが増えてきた。日々のなかで自分自身にできることで少しでも誰かのインスピレーションへつながるなら小さくとも工夫しつづけていくことが大切だと感じている。

□ ■ □

今後も，日本の文化を大切にして地球や自分自身に優しい選択を心がけ，暮らしのなかでできる持続可能なライフスタイルを発信していきたい。

注
　本章の第1〜3節は阿部ひかり（イケヒコ・コーポレーション），第4節は橋口ひとみ（ヨガインストラクター）が執筆担当した。

第11章
関係人口創出事業から SDGs 未来都市へ

1　SDGs 未来都市をめざす松田町

　今回の関係人口事業の舞台となる「松田町」について，まず簡単に紹介したい。松田町（以下，当町）は，神奈川県西部に位置し，北は丹沢大山国定公園・西丹沢山系に位置する森林面積が町域の約76％を占める自然環境豊かな町である。当町の町域は37.75km²で，町北部の山間部には 寄（やどりき）と呼ばれる地区，南部には比較的平坦な松田地区の 2 地区を有し，南北に長い形状としている。

　当町には， 2 級河川である富士山山麓を源とし，足柄地域および小田原市を貫流して相模湾に注ぐ酒匂川があり，流域には足柄平野が広がり，その中心に当町は存在し，古くから交通の要衝として栄え，人口 1 万361人（2023年10月 1 日現在）となっている。

　当町の中心には，私鉄小田急線の新松田駅および JR 御殿場線の松田駅があり，国道246号線と255号線が交差し，東名高速道路の大井松田 IC にも近接する，県西部の広域結節点としての役割を担っている。また，新東名高速道路の建設も進んでおり，町の東側に接する秦野市側には，新秦野 IC が開設される

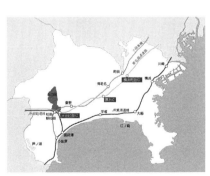

図11.1　松田町ってどんなところ？
出所：松田町ウェブサイト https://town.matsuda.kanagawa.jp/site/kankou-sub/matsudamati-shoukai.
　　html

など，首都圏からの交通の利便性は高いものがある。

　いっぽう，当町の人口動態に目を移すと，国勢調査によれば，1995年の１万3270人をピークに，その後の核家族化，単身世帯や少人数世帯の増加に伴い，減少に転じている。先述した地区別では，寄地区の人口減少率が松田地区に比べ高く，扶助率の低下が顕著である。

　また，全国の多くの市町村が，「地方消滅」ショックに見舞われた，通称「増田レポート」といわれる「日本創生会議・人口減少問題検討分科会」の報告において，2020年から20年後の2040年には，若年女性人口が５割以下に減少するという，いわゆる「消滅可能性」都市に当町が位置づけられた。町では，兼ねてより人口減少に対し危機感を抱いていたが，この第三者機関からの「消滅可能性」都市への名ざしは，いっそう町全体が危機感を覚え，認識を新たにする出来事でもあった。こうした背景もあり，町では定住人口予備軍である関係人口に関心を寄せることとなった。

2　関係人口事業の始まり

　関係人口事業を所管する総務省では，2016（平成28）年，同省に設置された「これからの移住・交流施策のあり方に関する 検討会」において，地方圏が，地域づくりの担い手の育成・確保という課題に直面していること，また国民各層が居住地以外の地域とかかわる機会が多様化していることに 鑑 み，移住した「定住人口」でもなく，観光に来た「交流人口」でもない，地域や地域の人々と多様にかかわる者である「関係人口」に着目した施策に取り組むことの重要性が議論された。

　その後，同省では国民が関係人口として地域と継続的なつながりをもつ機会・きっかけを提供する地方公共団体（以下，「モデル団体」）を支援することを目的として，2018（平成30）年度に実施している「『関係人口』創出事業」に引き続き，2019（令和元）年度において「関係人口創出・拡大事業」（以下，「モデル事業」）を当町でも実施することとなり，本事業に申請したところ，以

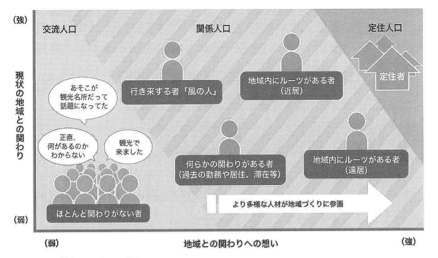

図11.2 関係人口のイメージ図
出所：総務省ウェブサイト「関係人口ポータルサイト」https://www.soumu.go.jp/kankeijinkou/

下の項目および内容で採択を得て，事業を進めることとなった。なお，本モデル事業の実施の際，本書の編著者である岩本教授と出逢うことになる。

3　令和元年度のモデル事業

2019（令和元）年，総務省が募集したモデル事業に応募して採択を受け，事業を開始したことは先述のとおりであるが，総務省のモデル事業は以下の4区分について公募されたものであった。

> （1）地域とのかかわりをもつ者に対して行う取り組み（採択団体数：11団体）
> 　①その地域にルーツがある者など　②ふるさと納税の寄附者
> （2）これから地域とのかかわりをもとうとする者に対して行う取り組み（7団体）
> （3）**都市住民らの地域への関心を醸成する取り組み（21団体）**
> 　地方公共団体が都市部に所在する個人・企業・その他の団体（NPO・大学のゼミなど）と連携し，都市住民らの地域への関心を高めるための取り組み
> （4）訪日外国人の地域への関心を醸成する取り組み（5団体）

当町は，上記事業区分（3）にて採択を受けた。事業名は，人生100年時代

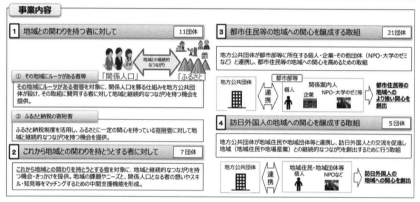

図11.3　令和元年度　総務省「関係人口創出・拡大モデル事業」概要
出所：総務省資料 https://www.soumu.go.jp/main_content/000688673.pdf

構想会議により注目された「リカレント教育」[1] という言葉に着目し，地域課題を「課題」ではなく，「学びの機会」として捉え直し，「『リカレント教育の場』形成による関係人口創出事業」とした。当町の交通利便性は，関係人口創出にも恵まれた立地であると考え，町の活性化を促進するため，「学びの機会は人を惹きつける」という考え方に基づき，耕作放棄地の拡大や有害鳥獣被害，経済の停滞，地域間の連携不足などの当町の地域課題をテーマに「学ぶ（考える）ことを事業のコンセプト「リカレント教育の場」に据えたことが特徴といえよう。

　下記は，本事業を展開するにあたり作成した事業計画であるが，町の暮らしを楽しくすることをキーワードとして「学びの機会」「対話・実践の機会」「広く知り合う機会」の3つのフェーズを用意した。なお，本事業のターゲットは，都心部在住の20〜30代とした。これは，高齢化が進む地域にとって，地域課題の解決・担い手として期待される年代であることや，「コト消費」に積極であり，ビジネススキルや2拠点居住などに関心が高い層であることから設定

表11.1　モデル事業の事業計画

町の暮らしを楽しくする	学びの機会 （リカレントカフェ事業）	○町の課題との親和性と対象世代の興味関心を捉えるトピックでの講演を開催 ○定期開設によるコミュニティの形成 ○「学びの場と言えば松田」という機運の醸成
	対話・実践の機会 （ワークショップ事業）	○「リカレント教育の場」での学びを実践に移す機会 ○「町の課題解決＝参加者のワーク実践」とし，町民と参加者がともに気づきを得ることを目指す
	広く知りあう機会 （イベント共催事業）	○町の特色あるイベントと共催することで広報効果を高め，町の取り組みを内外に広める ○イベントと連携して上記取り組みの拡大版を複数開催する

つながるヒント

したものである。

　2019（令和元）年度は，まずは「関係人口」の裾野を広げるため，観光だけでは知りえない課題も含めた「松田町」の現状を知ってもらうことをスタートとし，関係人口には「知る」から「発信する」「かかわる」という段階をふんでもらい，町との関係性を深めていくことをめざしたものである。

　表11.1が，モデル事業として実施した内容である。まず，学びの機会事業（リカレントカフェ）である。全13講座を実施し，このなかから，いくつか紹介したい。なお，関係人口は，多様な主体が有機的につながる連鎖であるため，町では，「産」「官」「学」「域」の連携に向け実施しており，はじめに本書の編著者の東海大学教養学部岩本教授のゼミ学生との事例を第1の紹介事例とする。

■事例1：東海大学との連携事業

　岩本ゼミと連携した事業として，ゼミ生と協議を重ね，当町で毎年12月に実施しているイルミレーションイベント「松田きらきらフェスタ」の協働事業を実施した。イベントの会場となっている松田町西平畑公園内には，「ふるさと鉄道」という小型の乗り物に装飾を施し，6年ぶりに夜間に運行しようという企画を設定した。これは，前図においては，「学びの機会」および「対話・実践の機会」に区分されるものである。

　イベント時，公園内はイルミネーションに彩られるものの，鉄道の部分には，装飾がなく，来場の動機づけをさらに付加しようとする，学生側からの提

案に基づく事業であった。学生た
ちとは，ワークショップにてそも
そも“関係人口とは？”という，
学びはじめからの課題の抽出，現
地調査，企画立案，デザイン案の
決定，資材調達，施工という一連
の流れを「学びの機会」として設
定し，実施した。学生自身による

写真11.1　ふるさと鉄道の装飾の様子

イルネーション事業では，通常は校舎での座学が中心である学生にとって，松
田町のフィールドで事業を行う楽しさやむずかしさを体験できる事業となった
ようである。学生自身で企画を立案し，何かをつくり上げることが楽しいと
いった意見をもらい，かれらのアイデアや行動が，町の集客イベントに直結す
るという普段では経験できない機会を創出することができた。関係人口事業を
自分事として捉えることができた瞬間でもあった。

　なお，イルミレーションイベントは，好評のうちに終了し，イベント期間中
のふるさと鉄道の乗車人数は，延べ1984名に上り，町と学生の双方にとって有
意義な事業となった。

■事例2：ハンターと紅葉の丹沢トレッキングを楽しもう！

　この事例は，実施年度以降も継続して実施されているハンターとのトレッキ
ング事業であり，区分としては「対話・実践の機会」事業である。当町では，
鹿などの獣害による農作物被害に悩まされており，地元猟友会による駆除活動
が実施されているが，この現状（課題）を認識してもらうことを目的に，ハン
ター（関係案内人）と歩くトレッキング事業を立案した。

　通常であれば，獣害というマイナスイメージの事象を，ありのままの現実課
題として皆さんに知ってもらいたい事柄として捉え，これを学びのテーマとし
て打ち立てた。トレッキングの道中は，通常のハイキングコースを一部外れ，
いわゆる獣道を歩き，ハンターによる説明を交え，動物の生態に迫るコース
を設定し，事業スケジュールの最後には，ジビエ料理を楽しむ一面もあり，獣

写真11.2　ハンタートレッキング募集のチラシ

害の現状を五感で感じてもらう関係人口事業であった。

　当町は，都心からも1時間程度とアクセスがよい一方，参加者からは神奈川県内でも獣害の被害が発生している現状を気づかされたとの意見をいただき，かつ山道をハンターと一緒に歩くことで，いつもの山道が違って見えるとの声もあった。視点を変えると見えてくるものがあることや，このような非日常な体験を都心部にいる人々は「求めている」という確証を得ることができた事業であった。なお，本事業における広報は，以下の手法により行った。

① Peatix，ストアカなどのイベントサイト
② フェイスブック，SNSによる発信
③ 町ウェブサイト，広報，チラシ，新聞

　SNSによる発信は，町公式や委託事業者からの投稿を関係案内人がシェアしたり，関係案内人自身が参加者募集や事業後の感想を投稿したりするなど関係案内人の自発的な協力がみられ，また，集客に関してはメディア掲載だけではなく，関係案内人の個別ネットワークによる広報の効果が大きかった。よって，事業実施にあっては，「関係案内人」の役割が大きなものを占め，人が人を呼ぶコミュニティづくりが，関係案内人を中心に構築されていることも確認された。

　2019（令和元）年度に実施した事業をまとめると，以下のとおりである。

① 学びの機会事業（リカレントカフェ）
　　定期的に学びの場となるリカレントカフェの開催…13回
② 対話・実践の機会事業（ワークショップ）

実際に地域課題の現場である町内において，課題の現状理解や地域住民との交流を行ないながら，どのように関係人口が地域課題にかかわることができるかを考えてもらうワークショップの開催…7回

③ 広く知り合う機会事業（共催イベント）
　　より効率的な集客や広報効果につなげることを狙い，町主催の既存イベントと共同で関係人口を対象とするイベントの開催…3回

　　事業を振り返って考察すると，「学び」への参加者の満足度は非常に高く，「学び」が関係人口の創出・拡大に寄与することは確認された。また，事業後半には，関係案内人の自発的な事業での集客や積極的なコミュニケーションが生まれてきたことは特筆すべき成果である。これにより，関係案内人同士の交流が，より広範な活動を生み，それにより関係人口の受入れ場がより面的に広がっていくことは，次年度以降の活動継続に向けた大きな気づきにつながった。

4　令和2年度以降の活動

　　2019（令和元）年度のモデル事業以降も，町では関係人口の重要性に着目し，事業を継続的に実施した。しかし，2020（令和2）年から全世界的に猛威を振るった新型コロナウイルス感染症の影響は免れず，野外を中心とする事業に変更するなどし，実施規模を縮小するなどの工夫のうえ実施した。

　　2020（令和2）年度は，前年度も好評であった内容を中心に，ターゲットして，（1）自然体験に関心がある家族，（2）農業体験に関心のある家族，また，（3）学習塾の小中校生を，今後，塾の学習の一環として松

写真11.3　学び合いで松田を楽しもう！
出所：松田町「関係人口事業報告書」

図11.4 松田町の関係人口モデル事業
出所：総務省「関係人口ポータルサイト」；「令和元年度『関係人口創出・拡大事業』モデル団体事業概要」https://www.soumu.go.jp/kankeijinkou/discription/index.html

田町との関係・つながりを構築することを目標として想定した。

　6つの事業を行い，前年度からの引き続きの企画として，①ハンターとのトレッキングと地域の料理を楽しむ体験，②サツマイモの収穫と竹を使ったお昼ご飯の体験，③横浜市内の塾と連携した自然体験などを実施した。①では，地元猟友会に属する関係案内人と山道のトレッキングを通じて，寄地区の自然を楽しみながら，有害鳥獣被害や農林業の衰退などの地域課題を参加者と共有するとともに，地域の飲食事業者と連携することで，寄地区の良質な食事を楽しんでもらうプログラムとした。②としては，寄地内でサツマイモを栽培する関係案内人の協力を得て，芋掘りの体験を行う一方，地域にある竹を活用し，参加者自らが竹飯盒をつくってサツマイモごはんを炊き，お椀やお皿，お箸の食器類もつくる体験プログラムである。本プログラムは子どもから大人までたいへん好評であり，その後，関係案内人が自主的に複数回にわたり，同様の竹のお昼ごはんづくり体験会を行うなどの広がりもみせている。また，③では，寄

地区猟友会に属する関係案内人の他，寄地区の清流でマスを育てるマス釣り場の協力を得て，学習塾に通う小中学生を対象に，トレッキングを行ったあと，自ら釣ったマスを調理して食べる体験を行い，最後に，これらを振り返りながら地域活性化を考えるワークショップを企画した。参加した小中学生は，その後，反復的に同地区を訪れ，継続的に寄地区の活性化方策を検討し，町と地域への提案をめざして活動するなどの新しい芽が出始めている。

　参加者は，各10名程度と規模を縮小しての開催ではあったものの，アンケート結果では満足度も高く，当町の課題や魅力をテーマに設定した事業は好評を博すとともに，このようなプログラムは，継続的に実施可能な体験商品プログラムとして，活用できる道筋をつけることができたことは大きな成果であった。

　また，2021（令和3）年度では，依然，コロナウイルスが猛威を振るうなか，すでに一定程度，町との関係性を有している団体に対し，関係人口事業を実施した。具体には，町と地域活性化を目的とした包括連携を締結している企業（大手生命保険会社）や，東海大学岩本ゼミ，そして前年度に関係性を構築した横浜市内の学習塾を範囲に行い，内容は地域の課題を学ぶという視点に設定した。これまで，個人などを中心とした事業を展開していた当町にとって，大手生命保険会社との事業では，企業側でもこうした取り組みが受け入れられるかという実験的な要素を加味したうえで実施したものである。

　なお，内容はこれまでも実施実績がある「トレッキング」とした。大手生命保険会社の社員および家族を対象とし，当日は親子計35名が参加した。道中では，各所で関係案内人が，地域の課題（人口減少，高齢化，鳥獣被害，耕作放棄）や魅力を伝えるとともに，昼食時には，各グループに関係案内人が入りながら，意見交換を行った。参加者からは，関係案内人よるガイドの説明もわかりやすく，普段とは違う景色や，

写真11.4　包括連携企業との事業の様子

植物に触れる機会となり，マイナスイオンを浴びリフレッシュやストレス発散になったとの声をいただき，自然を切り口にした関係人口事業の可能性について，企業関係者にも受け入れられることを確認することができた。

また，町には「今後異なるコースでも同様の事業を実施してはどうか」「本事業以外にも都内に住む人の非日常空間をつくる事業を組み立ててみてはどうか」といった次回以降の企画立案につながる提案をいただいた。近年，企業では，従業員への福利厚生のほか，所属している企業への愛着心（エンゲージメント）を高める取り組みも喫緊の課題とされている。そうしたことから，町が主催する地域理解を醸成するための取り組みを通した関係人口事業は，地域にねざした国連SDGs（持続可能な開発目標）を企業活動理念に取り入れ，実践しようとしている企業との親和性が高いのではないかという新たな発見にふれた出来事でもあった。

また，同年度には2020年度に関係性を有した学習塾の生徒から，関係人口事業の紹介動画を自主的に制作したいとの提案があり，実施した。コロナ禍であったため，オンラインを中心に，映像のイメージを考えるブレーンストーミングに始まり，ストーリーの作成，カット割り，絵コンテの作画などの事前準備を入念に行ったあと，実際に寄地内のフィールドに赴き，生徒自身がインタビューや撮影を実施し，編集も行った。動画完成後は，関係者を集めて上映会を実施した。上映会後は，関係人口事業の可能性について，意見交換を行った。

今回，町では子どもたちを関係人口事業に取り込むことで，長期にわたり町との関係性を構築するための一助となったと考えている。第2のふるさととして当町が認識されることで，関係人口がめざす，"将来的な移住の選択肢としての可能性"の広がりを認識することができた。

2022（令和4）年度にも，コロナウイルス感

写真11.5　活動の様子

染症の影響があったことから，屋外をメインとして関係人口事業を実施した。実施内容は，次節で詳しくは説明するが，町でもSDGsの理念に基づく，各種施策を展開した。

今回，地元で薪を生産しているNPO法人と協力し，「森林や薪」をキーワードに薪の生産現場などを体験するプログラムのほか，別の企画として，公共施設をDYIする事業を2021（令和3）年度に実施した。薪をテーマとした事業は，全3回で実施し，薪をつくるまでの過程を連続して体験できるものとした。冬の寒さが厳しくなるころの2〜3月に実施し，第1回目は，炭焼きの場所をつくることをテーマに，場

写真11.6　参加者による薪割り体験など

所までの歩道の整備などを行った。第2回目は，参加者が炭焼きの窯をつくり，事前に準備した炭用の材料を窯に詰め，火起こしの体験したあと，関係案内人が火を入れた窯を管理し，炭を完成させた。最終回の第3回目は，薪割り機や斧による薪割りを体験したあと，実際に薪を燃料にしている温浴施設に参加者を招待し，参加者の皆さんに薪にかかわる事業の出口までを体験させることができた。

これまでの関係人口事業は，単発での実施も多かったことから，連続した事業のなかで，参加者がどのフェーズに関与しているかを確認しながら，事業を構成することで，より町や事業への理解が深まることを再認識できた点は，参加者の興味の度合いを実際に感じることができ，関係人口事業の奥深さを再認識させられた。

5 SDGs 未来都市について

さて，ニュースなどで SDGs（持続可能な開発目標）という言葉にふれる機会が多くなったのではないだろうか。前節では，関係人口事業を取り上げたが，これは，SDGs の17ゴールのうち，ゴール11「住み続けられるまちづくりを」やゴール17「パートナーシップで目標を達成しよう」につながる取り組みである。当町ではこの２つの目標を念頭におきつつ，各種事業を SDGs におけるゴール達成との関係性に留意しながら，まちづくりを進めている。

当町では，SDGs の理念に沿った基本的・総合的取り組みを推進しようとする都市・地域のなかから，とくに，経済・社会・環境の３側面における新しい付加価値を通して持続可能な開発を実現するポテンシャルが高い都市・地域を「SDGs 未来都市」として内閣府が認定していることに着目し申請をした。そ

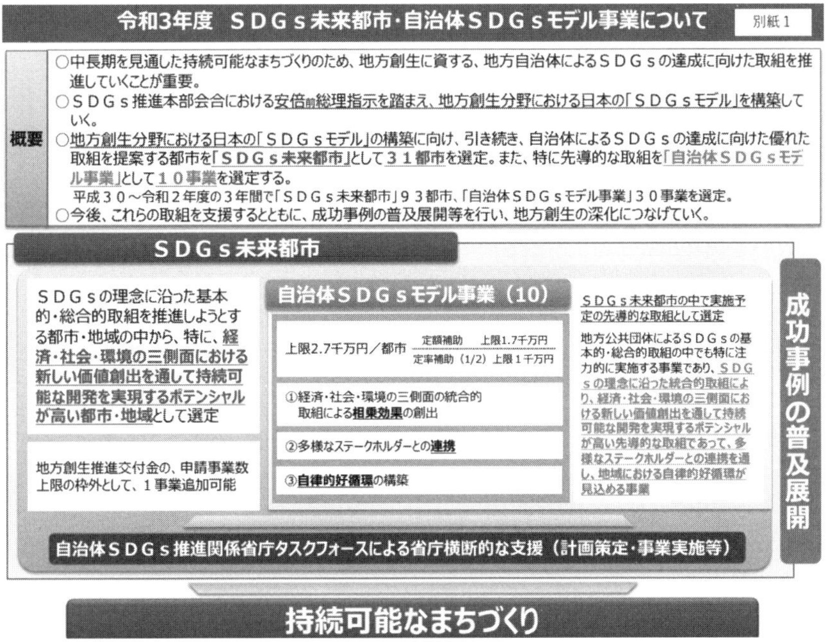

図11.5　令和３年度「SDGs 未来都市」等の選定について

出所：内閣官房・内閣府総合「地方創生」ウェブサイト「令和３年度『SDGs 未来都市』等の選定について（令和３年５月21日発表資料）」https://www.chisou.go.jp/tiiki/kankyo/teian/sdgs_2021sentei.html

の結果，2021（令和3）年5月21日付で内閣総理大臣より，神奈川県内の町村レベルでは初の「SDGs未来都市」に選定された。

また，当町のまちづくりの基幹計画である「松田町第6次総合計画」では，SDGsの理念を取り入れ，まちづくりの基本的考え方の1つとして「持続発展的で魅力あるまちづくり」を掲げ，多様な地域資源や町民の力を活かしながら，魅力高めることで町の活力につなげ，「誰一人取り残さない！　笑顔あふれる幸せのまち　松田」の実現に向け，SDGsの取り組みを推進している。こうしたことが，町総合計画にSDGsの概念を取り入れ，実際にまちづくりで展開を確かにする契機にするため，「SDGs未来都市」への応募することとなった背景にある。

さらに，SDGsのパートナーシップを強化するために，町では「松田町SDGs推進プラットフォーム」を2022（令和4）年7月5日オープンした。これは，デジタル化されたプラットフォームにおいてSDGsにかかわる取り組みを通じて，さまざまな地域課題を解決し，「誰一人取り残さない！　笑顔あふれる幸せのまち　松田」を実現するための施策を推進する一環でもある。

町では，町民や企業団体など，松田町の関係者が取り組みたい活動内容などを登録してもらうことで，広く周知され，その活動を一緒に応援したい人とマッチングすることができる専用サイトを開設，SDGs宣言の呼びかけを募集している。ウェブサイトを通じて，地域活動を発信・共有することで，実生活では結びつかなかった人々が，SDGsを共通言語として繋がることが可能となることをめざしている。また，地域課題の解決に向けて，町民が地域活動に参加し，参加者が互いに協力し合うことで，SDGsの取り組みの推進と「協働のまちづくり」がさらに加速することをめざしている。こうした人と人とのつながり，協働を通じて地域への興味関心・参

写真11.7　SDGs未来都市認定証

画を促すノウハウは，関係人口創出・拡大事業で得た知見によるところが大きい。SDGs という国際的な視野に立ちつつ，足元の地域課題の解決もめざす，SDGs によるまちづくりを今後も進めていきたい。

6　今後に向けて

　2020（令和2）年9月に実施した，国土交通省の調査「地域との関わりについてのアンケート」によれば，全国の18歳以上の居住者（約1億615万人）のうち，約2割弱（約1827万人を）が特定の地域を訪問している関係人口であるとの結果が得られている。調査概要によれば，関係人口の人数が多い市町村ほど，転入超過傾向がみられるとの結果が出ており，これらの地域では，外部からの人を受け入れる環境が整っていると考えられている。そうした関係人口は，住環境の魅力や自然環境の豊かさを移住したい理由にあげていることから，当町のあらゆる環境をこれからのシティプロモーション活動を通して PR することで，将来的な移住関心層へ訴求ができると考えている。

図11.6　松田町 SDGs 推進プラットフォーム
出所：松田町（2023）「広報まつだ」7月号

図11.7　松田町SDGs推進プラットフォームのトップページ
出所：松田町「SDGs推進プラットフォーム」ウェブサイト https://www.goodcity.jp/town.matsuda.
kanagawa/

　調査結果からも明らかなように，関係人口の創出が，将来的に移住・定住者に関連するとの考えのもと，町では今後も関係人口事業に力を入れることとしている。ぜひ，松田町のチャレンジに注目してほしい。

注
1) リカレント教育については，「学校教育からいったん離れて社会に出た後も，それぞれの人の必要なタイミングで再び教育を受け，仕事と教育を繰り返すこと」と説明されている。特に「日本では，仕事を休まず学び直すスタイルもリカレント教育に含まれ，社会人になってから自分の仕事に関する専門的な知識やスキルを学ぶため，「社会人の学び直し」とも呼ばれます」と説明されている（内閣府「政府広報オンライン」https://www.gov-online.go.jp/useful/article/202108/1.html）。

終　章

これからの地方創生・地域づくりの関係人口

1　デジタル田園都市国家構想における関係人口の意義

　近年，デジタル技術が急速に発展するなか，デジタルは地方の社会課題を解
決する鍵であり，新たな価値を生み出す源泉となっている。ここでは，内閣官
房の「デジタル田園都市国家構想」での言説を確認する[1]。デジタルの実装
を通じ，地域の社会課題の解決と魅力の向上を図っていくことが重要にあるた
め，政府は「デジタル田園都市国家構想」を策定した。今後のデジタル技術の
活用により，地域の個性を活かしながら，地方の社会課題の解決，魅力向上の
ブレイクスルーを実現し，地方活性化を加速することをめざしている。

　政府は，基本方針を通じて，構想がめざすべき中長期的な方向性を提示し，
地方の取組を支援する。地方は，自らがめざす社会の姿を描き，自主的・主体
的に構想の実現に向けた取組を推進し，「全国どこでも誰もが便利で快適に暮
らせる社会」をめざす。デジタルの力で地方が日本の主役になる，そんな未来
を描くことをめざしている。

　この構想のなかに地方創生が取り込まれ，企業版ふるさと納税，国家戦略特
区，テレワーク推進，地方暮らし紹介がトップで紹介されている。そして，サ
イト内の「注目キーワード」として，地方創生 SDGs，地域における Society5.0
の推進，生涯活躍のまち，都市再生，中心市街地活性化，デジタル田園都市国
家構想交付金，地方創生臨時交付金，いいかも地方暮らし，「地域アプロー
チ」による少子化対策，地域活性化伝道師，地方創生テレワーク，Digi田 甲
子園，デジタル田園都市国家構想に加えて，関係人口が取り上げられてい
る[2]。この関係人口のサイトをさらに確認すると，関係人口については，以
下のように説明されている[3]。

　　関係人口とは，特定の地域に継続的に多様な形でかかわる人のこと。よく，観
　光以上移住未満と例えられたりします。具体的には，兼業や副業などの仕事を絡

めていたり，祭りやイベントの運営に参画して楽しむなどファンベースの交流を重ねたりするなど，さまざまです。関係人口の創出・拡大に向けて，受け手（地域）・関係人口がスムーズにつながれるように，つなぎ手（中間支援組織）の取組みを支援するなど関係省庁と連携し，創出・拡大を進めています。

この創出・拡大を進めるプラットフォームとして，関係人口創出・拡大に向け熱意とアイデアをもつ，全国の中間支援組織，民間事業者，地方公共団体等による「かかわりラボ（関係人口創出・拡

かかわりラボってなに？

人口減少を和らげたい，増やしたい
自分たちの地域を活性化させたいという
「地方創生」の推進を地域外の人々に，
地域の担い手として活躍してもらい
地域の力になってもらうために設立されました。

図12.1　かかわりラボの紹介文

大官民連携全国協議会)」を2020年10月に設立されている[4]。

このかかわりラボでは，内閣官房デジタル田園都市国家構想実現会議事務局・内閣府地方創生推進事務局の責任で，「かかわりラボ」会員募集の案内，全国フォーラム開催情報，ラボ会員向け研修会，会員限定Facebook グループの紹介などが掲載されている。

デジタル技術も適宜活用しつつ，新たな地方創生への模索が行われ，関係人口創出の意義が社会で共有されることには大きな意義がある。いっぽうで，地方創生に関わる意欲ある人が誰でも参加し，制度を活用することができること，また適切な予算配分が手当されることが，今後さらに期待される。

2　関係人口でつながるために

地域とつながる「関係人口」創出にどのような意義があるのか，またそうしたことを進めることでどのような変化が期待できるのか，これまでの議論を総括するため，いくつかのポイント示したい。

▶「関係人口」創出を試みることで，地域のよさや課題を把握することにつながる

それぞれの地域においては，総合計画などの長期ビジョンにおいて，どのよ

うなまちづくりをめざしていくか，具体的な方策が示され，進行管理されている。いっぽうで，行政主導，現在住んでいる地域住民目線だけでなく，いかにしてほかの地域から移住してもらうかを考えるために，ほかの地域と比較した良さ（地域特性）や直面する課題をつつみ隠さず紹介することが必要である。

▶移住・定住者獲得事業／取り組みは，短期的に評価できない

　関係人口がめざす移住者は，社会増減による人口増加の観点で一時的であり，持続可能な住民となるわけではない。もっとほかに住みやすい地域が見つかれば，遊牧民のようにほかへ移住してしまうことが予想される。地方創生をめざす地域は，移住者を異なる価値や文化などを温かく受け入れる包摂的（inclusive）コミュニティづくりが重要となる。すなわち，移住がゴールではなく，持続可能な定住，そこに住む住民1人ひとりが地域にとってかけがえのない存在であり，いつも誰かが待っていたり，思っている人がいる家族のような存在になったりするように，地域コミュニティが醸成していく努力が必要である。

▶今住んでいる人のシビックプライドを高める

　持続可能な定住につなげるためには，地域に対する誇り，すなわち「シビックプライド」を高める必要がある。たとえば，地域にはさまざまな人々がコミュニティで生み出してきた多様なまつり文化が存在する。まつりは，地域に集う楽しみを共有することできるきっかけである。それぞれの地域には，そうしたまつりを核としたシビックプライドの向上が，地域への愛着を深めることになる。

▶関係人口が関係人口を呼ぶプラスのスパイラル構築をめざす

　行政だけでなく，移住については，NPO法人のような非営利団体による民間主導の取り組みと並行して行うことが必要である。移住した人は，これから移住する人のよき理解者となるため，関係人口が関係人口を呼ぶプラスのスパイラルをどのように構築していくか，その具体的な手段が必要である。

▶「楽しい，うれしい，おいしい」地域であることが持続可能な地域づくりにおいて重要である

　地域の持続可能性（定住者獲得）を考えたときに，何が地域に心をひきつけるのか，考えることが重要である。その答えとしては，地域における「楽しい」こと，「うれしい」こと，「おいしい」ことは何なのか，シンプルに人が集まる魅力が何かを同定し，それこそがシティプロモーション発信の重要なコンテンツになるのではないか。地域住民の暮らしのうえでの「楽しい，うれしい，おいしい」を応援するまちづくりが，結果的に関係人口として，「選ばれる地域」となる，と考える必要がある。

▶持続可能なライフスタイルの観点から考える地域づくりが重要である

　人は，便利で居心地がよく，快適な住環境を求める。いっぽうで，デジタルなどの新しい技術は，新たな暮らし方につながる。都市の一極集中といっても，誰もが都市のような密集・密接した住環境を求めているわけではない。大都市圏の暮らしへの移住意欲が旺盛である一方，自分にあった暮らし方が見つからず，関係人口として多様な地域とつながる行動を起こしていない人も多い。移住・定住は，暮らし方やライフスタイルの多様性と関連し，移住によってオルタナティブ（代替え的）な暮らしの選択肢があることをもっと発信，選択できるように工夫すべきである。美しい景色，景観，食，住居，文化などとともに多様なライフスタイルを可能にする地域があることを打ち出して発信していく必要がある。ワーケーションや二拠点居住などの新しい暮らし方も含めて，地域づくりが考える必要がある。

▶情報発信の方法を工夫する

　これからの地域の担い手には，いわゆるＺ世代（10〜20代前半）が含まれる。しかしながら，この世代の多くはデジタルネイティブ世代，多様なデジタルデバイスが使用可能，現在ではメディアの中心はスマホで完結，情報収集のツールは，SNS が中心で，いわゆるマスメディアの情報に触れずにテレビや新聞の影響を受けにくいという特徴をもつ。すなわち，そうした世代に有効な情報発信の仕方を工夫しなければ，情報が届かない。逆をいえば，工夫次第でＺ世

代に情報が届けられるのである。SNSは，LINE，X（旧 twitter），TikTok，Instagram，YouTube などで，それぞれにはタグ（#）がつけられる。短い，キャッチーな，流行のタグ分析をしておくことが大切で，タグから検索されることを意識して情報発信する必要がある。とにかく，検索して引っ掛かりやすくするために，情報は細かく・短く・映え重視の方法を検討する必要がある。

▶まちづくりに子ども／若者の参加の機会を

もともとの「関係人口」という概念には，今は地域外に住む，もともと地域内にルーツがある者こそが，関係人口の基本である。進学・就職・結婚などのライフスタイルの変化によって地域の外に出て行った人の「ふるさと意識」を喚起し，地域とつながるきっかけを創出すること重要である。かれらの「関係」には，ほかの関係性より深い地域愛があるため，その絆を深めることが必要である。こうした絆を深めるためにできることは，今地域にいる若者，地域とかかわりをもつ若者を大切にすることであり，地域づくりの担い手としてかれらの意見に耳を傾け，リーダーとして支えることが重要である。年齢の高い地縁組織だけで意思決定してしまうような風土を変え，子ども時代から地域への参加／参加の機会を積極的にもつこと，学校教育における「総合的な学習の時間／総合的な探究の時間」で地域学習を積極的に推奨し，地域政策立案の機会を設けることが必要である。この政策立案と提案の機会は，学校教育が求める生きる力（思考力・判断力・表現力）の育成と一致する。若い人の意見が採用されやすい地域風土が，子育てしやすく，若い人が暮らしやすい地域である，ということを認識すべきである。

3　リジェネラティブな地域づくり

地域の持続可能性を考える際，そもそも地域とは「持続可能（サスティナブル）」という言葉で表現できるのだろうか，と考えることがある。それは，地域を支える人々の命は持続不可能であり，そこに暮らす人々の営みやあり様が世代間で継承されて，結果的にサスティナブルとなってきたからである。地域

の自然，伝統文化，地場産業，食など，人々をつなぐきっかけがあり，関係人口（地域とつながる人々）は，つながる地域コンテンツが魅力的かどうかにつながっている。

　こうした関係で，最後に課題提起しておきたいのは，リジェネラティブ（regenerative）という用語使用の意義である。リジェネラティブは「再生できる／再生力のある／繰り返し生み出す」という意味で，世代を超えて地域がサステナブルであるための根幹となる考え方だ。こうした概念に注目が集まるようになった背景には，環境問題が深くかかわっている。たとえば，環境配慮・責任ある環境経済活動をする企業の１つ「パタゴニア」は，大きくリジェネラティブの意義を社会に問いかけ，自社の製品の価値をプロモーションしている[5]。産業革命以降の効率性／生産性重視の工業により，世界規模で気候変動，環境破壊がみられるようになった。そこで，荒廃が進む土壌や海の生態系の再生を図る取り組みとして注目されているのが，リジェネラティブという新しい概念である。パタゴニアは，"オーガニック，被覆作物，コンポスト，輪作，間作，省耕起から不耕起へ"という「リジェネラティブ・オーガニック農法」の重要性を問うている。

　人の価値観は多様であり，都市の一極集中に便利で快適な生活を求める人々の理想的な生き方，考え方が反映されている。技術でブレイクスルーし，自然と乖離した生活に幸せを感じる工業的な社会観が優位であるこの結果であると考える。こうしたアーバンライフに幸せを求める人々は，残念ながら「浅い」関係人口でしかない。多少の地域での困難，不便さがあると，新たな安住の地を求めて移動してしまう。いっぽうで，たとえば人口過密で感染症の蔓延のリスクを危惧し，化学物質に対する過剰なアレルギーをもち，人間関係に悩む人々には，都市では必ずしもウェルビーイング（心身ともに健康で幸福な状況）を与えてくれるとは限らない。地域内にルーツのない地域外の人で「深い」関係人口／つながりを求める人は，じつは暮らし・ライフスタイルに高い倫理観（etic）と理想をもつ。かれらが関係人口のターゲットであり，シティプロモーションの際に，都市にはないお金では価値を語ることができない真の幸福を感

じられる暮らしがどのように可能か，コンテンツをチェックしてほしい。

　いまさらながらの話ではあるが，このように考えると，この「地方創生」「持続可能な地域づくり」という用語が地域の本質を見えなくしてしまうのではないかと思う。本当は，「地方再生」「再生可能な地域づくり」と考えることが必要ではないだろうか。地域に住む人たち，住民の地域愛によって，コミュニティが高いレベルで新しい世代によって少しずつ変化しながら継承されていく，その結果が「地方創生」で「持続可能」となっているようにみえると考えるべきである。

　結びにあたって，元気な地域には，違いを楽しみ，共生し，包摂的な風土，若い人が大切にされ応援されるように思う。また，子どもは地域の宝で，子育て政策のために税金が使われることを歓迎する，そうした地域性があるように思う。また，地域の持続可能性の本質に，人をひきつけ魅了する「おいしい」「たのしい」「うれしい」「わくわく」がある。都市部は，たくさんの情報が集まって刺激的ではあるが，感動（エモーショナル：エモい）体験を伴わない，浅いつながりによるコミュニティであることがある。そうしたことを大切にするコミュニティが持続可能な地域となるのではないか。

4　地方創生とSDGs─問われる関係人口の価値観

　近年，別の文脈で，「SDGs未来都市」事業が展開されている。SDGsは，国連持続可能な開発目標のことであるが，この理念と接着したまちづくりを進める機運が高まりつつある。まちづくりでは，SDGsのゴール11の「住み続けられるまちづくりを」に焦点化され，防災減災からのレジリエンスなまちづくりやスラムのような劣悪な住環境からの向上をめざしている。いっぽうで，地方において誰も住まずに朽ちかけた空き家をみると，質こそ異なるものの，消滅可能性都市における地方のスラム化が進んでいるのではないかと危惧することがある。まったくことなる文脈の住環境の話ではあるが，地方での過疎化は，地域産業の衰退ともリンクして，さらなる過疎化とまちの衰退を招く負のスパ

イラルになりつつあるようにみえる。これらは，少し極端な例であるが，内閣官房・内閣府総合サイトでは，「地方創生 SDGs・「環境未来都市」構想・広域連携 SDGs モデル事業」に関する情報発信も行われている[6]。SDGs は，地方創生の１つのきっかけにもなっている。

さらに SDGs には，教育にかかわるゴール４のターゲット4.7において，「2030年までに，持続可能な開発のための教育及び持続可能なライフスタイル，人権，男女平等，平和及び非暴力の推進，グローバルシティズンシップ，文化多様性と文化の持続可能な開発への貢献の理解の教育を通して，全ての学習者が，持続可能な開発を促進するために必要な知識及び技能を習得できるようにする」ことがめざされている（たとえば 日能研 2020）。この目標は，地域づくり・まちづくりの文脈で考えると，これからの地方創生の理念であり，地域や社会の担い手育成のための教育からこれからの持続可能性を考えるというのが，本質的に取り組まなければならない課題と考える。若い世代が，地域や社会に参画できるような仕組みも含めて，「関係人口」の機能や人々の価値観をうまく活かし，大切にしていくことが必要なのではないだろうか。

注
1）内閣官房ウェブサイト「デジタル田園国家構想」 https://www.cas.go.jp/jp/seisaku/digital
denen/about/index.html
2）内閣官房・内閣府総合サイト「地方創生」 https://www.chisou.go.jp/sousei/index.html
3）内閣官房・内閣府総合サイト「関係人口の創出・拡大」 https://www.chisou.go.jp/sousei/
about/kankei/index.html
4）内閣官房・内閣府総合サイト「かかわりラボ（関係人口創出・拡大官民連携全国協議会）」
https://www.chisou.go.jp/sousei/about/kankei/kakawari-lab.html
5）パタゴニアウェブサイト「なぜ，リジェネラティブ・オーガニックなのか？」 https://www.
patagonia.jp/regenerative-organic/
6）内閣官房・内閣府総合サイト「地方創生 SDGs・『環境未来都市』構想・広域連携 SDGs モ
デル事業」 https://www.chisou.go.jp/tiiki/kankyo/index.html

引用・参考文献
岩本泰・藤吉正明・室田憲一・藤野裕弘・北野忠・内田晴久（2023）「地域とつながる『関係人
口』創出の意義と可能性についての研究―持続可能なライフスタイルの観点から」『東海大学
教養学部紀要』53輯，31-41頁
日能研（2020）『SDGs 2030年までのゴール 改訂新版』みくに出版，162頁

<h1>索　引</h1>

［著者紹介］

岩本 泰（いわもと ゆたか）［編者］　　　　　　　　　　　　　〈はじめに・序章・終章〉

東海大学教養学部人間環境学科・同大学院人間環境学研究科 教授。

東京学芸大学大学院連合学校教育学研究科修了。博士（教育学）。

著書に『知る・わかる・伝える SDGs Ⅲ 生産と消費・気候変動・海の豊かさ・陸の豊かさ・平和と公正』学文社（編著），『SDGs 時代の学びづくり─地域から世界とつながる開発教育』明石書店（編著），『総合的な学習／探究の時間─持続可能な未来の創造と探究』〈SDGs と学校教育〉学文社（編著），『DX 時代の人づくりと学び』人言洞（共著）他。

> My Self　お茶とスィーツとおしゃべり，地域を旅することが好き。

二ノ宮リム さち（にのみやりむ さち）　　　　　　　　　　　　　　　　　〈第 1 章〉

東海大学スチューデントアチーブメントセンター・同大学院人間環境学研究科 教授。

同環境サステナビリティ研究所 所員。国際基督教大学・東北大学大学院等 非常勤講師。

東京農工大学大学院連合農学研究科修了。博士（農学）。1990 年代後半より，国内外の NPO，行政機関，地域など様々な場で持続可能な開発のための教育（ESD）・環境教育を推進。

著書に『社会教育・生涯学習入門─誰ひとり置き去りにしない未来へ』人言洞（編著），『知る・わかる・伝える SDGs Ⅱ エネルギー・しごと・産業と技術・平等・まちづくり』学文社（編著）他。

> My Self　焚火を囲むこと，自然の中で過ごすこと，異国の市場やスーパーをのぞくことが好き。

室田 憲一（むろた けんいち）　　　　　　　　　　　　　　　　　　　　　〈第 2 章〉

東海大学教養学部人間環境学科・同大学院人間環境学研究科 教授。

東京農業大学農学研究科農芸化学専攻修了。博士（農芸化学）。

> My Self　体を動かすこと，山歩き，水泳，食べることが好き。

藤吉 正明（ふじよし まさあき）　　　　　　　　　　　　　　　　　　　　　〈第 3 章〉

東海大学教養学部人間環境学科・同大学院人間環境学研究科 教授。

広島大学大学院生物圏科学研究科修了。博士（学術）。

専門は，植物生態学，植物民俗，環境教育。

> My Self　漂着物拾いや鉱物・岩石，生物採集等，集めることが好き。

金 二城（きむ いすん）　　　　　　　　　　　　　　　　　　　　　　　　〈第 4 章〉

青森大学社会学部 教授。

ソウル大学大学院で教育学博士取得（環境教育専攻）。

著書に『環境教育論』ハクジ社（共著），『環境とグリン成長』天才出版社（共著）他。研究テーマは持続可能な社会のために市民，教育，企業，地域の在り方など。

> My Self　コーヒーとスィーツ，そしてゆっくり走るのが好き。

佐々木 豊志（ささき とよし）　　　　　　　　　　　　　　　　　　　　　〈第 5 章〉

青森大学総合経営学部 教授／観光文化研究センター長。

筑波大学体育専門学群野外運動学専攻（体育学士），宮城大学大学院事業構想学博士後期課程修了（事業構想学博士），1996 年にくりこま高原自然学校設立，2017 年から現職。

著書に『環境社会の変化と自然学校の役割』みくに出版，『DX 時代の人づくりと学び』人言洞（共著）他。

> My Self　冬とイグルーづくり，そして日本酒が好き。

鈴木 修斗（すずき しゅうと）　　　　　　　　　　　　　　　　　　　　　〈第6章〉
東海大学教養学部人間環境学科 特任助教。
筑波大学大学院生命環境科学研究科修了。博士（理学）。
主要論文に「軽井沢町およびその周辺の新興別荘地区における現役世代のアメニティ移住」『地理学評論』96巻1号（2023，1-32頁），「長野県東御市における小規模ワイン産業の経営戦略と存立構造」『地域研究年報』43巻（2021，231-255頁），「伊那市における農山村移住の進展要因」『地域研究年報』41巻（2019，121-140頁）他。
　My Self　地域の食と酒を楽しむことが好き。最近は食文化の研究にも手を出しはじめています。

北野 忠（きたの ただし）　　　　　　　　　　　　　　　　　　　　　　〈第7章〉
東海大学教養学部人間環境学科・同大学院人間環境学研究科 教授。
東海大学大学院海洋学研究科水産学専攻博士課程後期満期退学。博士（水産学）。
著書に『ネイチャーガイド日本の水生昆虫』文一総合出版（共著），『静岡県田んぼの生き物図鑑』静岡新聞社（共著）他。監修として『ゲンゴロウ・ガムシ・ミズスマシハンドブック』『タガメ・ミズムシ・アメンボハンドブック』いずれも文一総合出版。
　My Self　いろんな地域の美味しいものを食べることや，生き物の採集と観察・飼育が好き。

稲垣 貢哉（いながき みつや）　　　　　　　　　　　　　　　　　　　　　〈第8章〉
一般社団法人 M. S. I. 理事。一般財団法人 PEACE BY PEACE COTTON 業務執行理事。
Textile Exchange（米国 NPO 法人）アンバサダー。C. L. A. S. S.（イタリア NGO）アンバサダー。
甲南大学マネジメント創造学部講師。ST Japan（サスティナブル繊維製造業研究会）代表。
　My Self　洗濯が好き。2023年59歳で生まれた娘との会話が好き。

古賀 義政（こが みちまさ）　　　　　　　　　　　　　　　　　　　　　　〈第9章〉
株式会社イケヒコ・コーポレーション 品質保証部長。
同社取扱商品の品質保証に取り組む傍ら，業務を通じて問題意識をもった環境や産業維持などのテーマにビジネスの観点から取り組む。ビジネスと社会貢献は両立しないと意味がない，をモットーに同社の社業をベースに同社をとりまく社会問題の低減につながる商品開発をしたり商品調達方法を変えたりしている。
　My Self　運動と自然に触れることが好き。

阿部 ひかり（あべ ひかり）　　　　　　　　　　　　　　　　　　　　　〈第10章〉
株式会社イケヒコ・コーポレーション コネクト事業部所属こどもプロジェクト推進担当。
地元に根づいたモノづくりに携わりたいと思いイケヒコへ入社。営業，商品部を経て現在広報として活動するかたわら，い草の良さを次世代に伝える活動としてこどもプロジェクトを推進中。
　My Self　海とスキューバダイビングとおいしい食事。

橋口 ひとみ（はしぐち ひとみ）　　　　　　　　　　　　　　　　　　　〈第10章〉
プライベート養生サロン One Love Earth 主宰，セラピストヨガ講師。
現在，福岡市糸島で保護猫2匹と暮らす。企業向けヨガ，レシピ考案，商品開発，イベント企画など多岐にわたって活動している。保有資格は，全米ヨガアライアンス200修了，リストラティブヨガ・マタニティヨガ・キッズヨガ・親子ヨガ・陰ヨガ指導者，タイ古式マッサージセラピスト，ブッシュクラフトアドバイザー，薬膳アーユルヴェーダスパイス検定，ローフードマイスター。
　My Self　sup・yoga・料理・温泉・サウナ・海や自然に触れること。

本山 博幸 （もとやま ひろゆき） 〈第11章〉

松田町長；2013（平成25）年9月23日に就任し，現在3期目。

佐賀県武雄市生まれ。東海大学工学部建築学科卒。

設計事務所・建設会社勤務を経て，建設会社取締役就任。

`My Self` 一級建築士。座右の銘：温故知新。

重野 寿利 （しげの としまさ） 〈第11章〉

東海大学工学部工業化学科卒。2003（平成15）年4月に松田町役場入庁。

主に，企画・総務系部署の経歴が長く，令和元年度から関係人口事業等を所管する定住少子化担当室に在籍。町の活性化に向け，日々，尽力中。

`My Self` 最近は，2人の子どもと過ごす時間を大切にしている。

青山 由里 （あおやま ゆり） 〈第11章〉

成城大学法学部法律学科卒。広告代理店勤務を経て，2017（平成29）年4月松田町役場入庁。

2018（平成30）年4月より4年間，定住少子化担当室にて関係人口創出事業や移住促進事業に携わる。

`My Self` 好きな食べ物はみかんと息子が作る目玉焼き。

これからの地方創生・関係人口
―関係人口から持続可能な地域の創り手へ

2024年3月1日　第1版第1刷発行

編 著　岩本　泰
　　　　© IWAMOTO Yutaka 2024

発行者　二村 和樹
発行所　人言洞 合同会社　〈NingenDo LLC〉
　　　　〒234-0052　神奈川県横浜市港南区笹下6-5-3
　　　　電話　045（352）8675㈹
　　　　FAX　045（352）8685
　　　　https://www.ningendo.net

印刷所　亜細亜印刷株式会社

定価はカバーに表示してあります。
乱丁・落丁の場合は小社にてお取替えします。

ISBN 978-4-910917-13-9